TEST OF
PRACTICAL
JAPANESE

J.TEST

〔A－C〕

実用日本語検定問題集
〔A-Cレベル〕
2019年

日本語検定協会 編

語文研究社

はじめに

この『J.TEST 実用日本語検定 問題集[A-C レベル]2019 年』には、2019 年に実施されたE-F レベル試験から 4 回相当分を選び、収めました。

「J.TEST 実用日本語検定」の練習に利用してください。

なお、「J.TEST 実用日本語検定」についての最新の情報は下記の URL をご覧ください。

J.TEST 事務局本部　http://j-test.jp/

日本語検定協会／J.TEST 事務局

目 次

正解とスクリプト

第１回　　　　　　　　　　　　　　　　　（Ａ－Ｃ）

実用日本語検定

TEST OF PRACTICAL JAPANESE

J.TEST

受験番号		氏　名	

注　意

試験が始まるまで、この問題用紙を開けないでください。

日本語検定協会／Ｊ.ＴＥＳＴ事務局

J.TEST

実用日本語検定

読 解 試 験

1	文法・語彙問題	問題	(1) ～ (40)
2	読解問題	問題	(41) ～ (60)
3	漢字問題	問題	(61) ～ (90)
4	記述問題	問題	(91) ～ (100)

1　文法・語彙問題

A　次の文の（　　　）に１・２・３・４の中から最も適当な言葉を入れなさい。

（1）　こちらは、（　　　）向けの商品でございます。

1　女性の　　2　女性　　3　女性に　　4　女性へ

（2）　休みは多ければ多い（　　　）嬉しい。

1　たび　　2　ほど　　3　とき　　4　ところ

（3）　病気に（　　　）初めて健康の大切さを知った。

1　なるなら　　2　なると　　3　なったら　　4　なって

（4）　引き受けた（　　　）には最後までやります。

1　もの　　2　よう　　3　から　　4　まで

（5）　シンプルなデザイン（　　　）機能面は充実している。

1　ながらも　　2　ばかりに　　3　にあたり　　4　くらいなら

（6）　（　　　）あげく、会社を辞めることにした。

1　悩んで　　2　悩んだ　　3　悩み　　4　悩む

（7）　資金が集まらず、計画の中止を（　　　）なくされた。

1　よぎ　　2　かぎり　　3　かわきり　　4　きんじ

（8）　結婚してからという（　　　）仕事後はまっすぐ家に帰るようになった。

1　ものの　　2　のも　　3　もの　　4　のにも

（9）　被災地の復興を（　　　）やみません。

1　願うと　　2　願わずに　　3　願い　　4　願って

（10）　利用者ご本人への事前の許可（　　　）、第三者へ個人情報を開示することはいたしません。

1　だにせず　　2　ないまでも　　3　にひきかえ　　4　なしに

（11）　ドアに「関係者以外この先立ち入る（　　　）」との張り紙がある。

1　ことなく　　2　べからず　　3　えない　　4　できぬ

(12)　事業を始めるのに計画をなおざり（　　　）は、必ず失敗する。

1　にして　　2　として　　3　になる　　4　とする

(13)　地図を（　　　）指定された店へ向かった。

1　ひかえて　　2　てらして　　3　たよりに　　4　へて

(14)　試験に合格（　　　）がため、不正行為を行った。

1　せず　　2　せん　　3　しよう　　4　する

(15)　車は便利だが、あれば（　　　）維持費がかかる。

1　あっても　　2　あると　　3　あったら　　4　あったで

(16)　A：「今のうちに色々な資格を取っておこうと思っています」
B：「資格をたくさん持っていれば（　　　）」

1　きりがないよ　　2　といっても言い過ぎではないよ
3　いいというものでもないよ　　4　やりかねないよ

(17)　A：「この仕事、今日中に（　　　）」
B：「ええ、私も無理だと思います」

1　終わらないわけがないですよね　　2　終わりっこないですよね
3　終わるっぽいですよね　　4　終わらずじまいでしたね

(18)　部長：「営業部に僕がいなくても、君達だけで仕事はできるだろう？」
部下：「まさか。いてくれないと困ります。（　　　）」

1　部長あっての営業部ですよ
2　部長であれ営業の仕事ができるわけではないですよ
3　部長なんて最初からいないも同然ですよ
4　いなければ私が部長になるまでのことです

(19)　A：「Y社のサービスはどうですか」
B：「（　　　）、対応の良さにも定評があります」

1　料金もさることながら　　2　低価格であるがゆえ
3　低価格とあって　　4　料金にいたっては

(20)　阿部（あべ）：「高木課長、細かいでしょう？」
吉田（よしだ）：「（　　　）、どんなに些細なミスも見逃してくれないですからね」

1　課長ともあろう人が　　2　細かいのなんのって
3　細かさは言うにおよばず　　4　細かいならまだしも

Ｂ　次の文の（　　　）に１・２・３・４の中から最も適当な言葉を入れなさい。

(21)　海へ行って、日に（　　　）。
　1　やけた　　2　もえた　　3　かいた　　4　さました

(22)　ドアを３度（　　　）してから面接室に入ります。
　1　キック　　2　コック　　3　ノック　　4　ロック

(23)　現在受付窓口が込(こ)んでおりますので、もう（　　　）お待ちください。
　1　すなわち　　2　しばらく　　3　わざと　　4　ゆいいつ

(24)　（　　　）にも恵(めぐ)まれ、イベントを無事開催(かいさい)することができた。
　1　天候　　2　伝統　　3　法則　　4　日の出

(25)　人の気持ちを考えない（　　　）神経な発言には気を付けよう。
　1　未　　2　無　　3　非　　4　不

(26)　このスーパーは（　　　）揃えが豊富だ。
　1　材　　2　件　　3　品　　4　数

(27)　店頭に在庫がなかったので、メーカーから（　　　）もらった。
　1　取り扱って　　2　取り立てて　　3　取り押さえて　　4　取り寄せて

(28)　この技術は、常識を覆す（　　　）的な技術として注目されている。
　1　画期　　2　機械　　3　一方　　4　一義

(29)　研究会では大変興味（　　　）報告を数多く聞くことができた。
　1　濃い　　2　厚い　　3　重い　　4　深い

(30)　相談を持ち掛けたが（　　　）であしらわれた。
　1　胸　　2　鼻　　3　目　　4　背中

C　次の文の＿＿＿＿の意味に最も近いものを１・２・３・４の中から選びなさい。

(31)　相手におわびしました。
1　ほめられました　　2　あやまりました
3　おれいを言いました　　4　説明しました

(32)　新商品の発売を中止せざるを得ない。
1　中止することはできない　　2　中止しないほうがいい
3　中止するべきではない　　4　中止しなければならない

(33)　やっかいな事件に関わっている。
1　重要な　　2　面倒(めんどう)な　　3　酷(ひど)い　　4　深刻な

(34)　冗談(じょうだん)はよしてくださいよ。
1　やめて　　2　笑って　　3　堪(こら)えて　　4　言って

(35)　うちのおやじはよくしゃべる。
1　両親　　2　家族　　3　母　　4　父

(36)　チームリーダーは社長が部屋を出るやいなやメンバー全員を呼んだ。
1　出たのを確認して　　2　出たとたん
3　出ようとしたとき　　4　出るのを止めて

(37)　誰も信じてはくれないが、真実はおのずから明らかになるだろう。
1　次々と　　2　全て　　3　自然に　　4　おそらく

(38)　部長が怒るのも無理はない。
1　わけがない　　2　理由がわからない
3　のは納得できない　　4　のは当然だ

(39)　あの会社は自転車操業だ。
1　資金繰りが厳しい　　2　勢いがある
3　前近代的である　　4　社員が少ない

(40)　この話はオフレコでお願いします。
1　記録や公表をしないでください　　2　一部始終よく聞いてください
3　参考までに知っておいてください　　4　仕事以外の場所で話してください

2　読解問題

問題　1

次の文章を読んで問題に答えなさい。
答えは１・２・３・４の中から最も適当なものを１つ選びなさい。

受験勉強は自分のためにするもの

受験勉強は試験に不要な勉強はやらなくていいし、とにかく効率ばかりを重視して勉強をしなければならないので、「意味があるんだろうか」と疑問を持ってしまう人もいるかもしれません。でも、受験勉強は自分が行きたいと思っている大学に受かるための勉強です。

歌手になりたければオーディションを受けるのと同じように、大学に入りたいという気持ちがあれば、受験勉強をするのは当たり前のことです。だから、まず「大学に入りたい」という気持ちを自分が持っているのかどうか、よく考えてみてほしいと思います。（＿A＿）みんなが大学に行かなくちゃいけないということはないのですから。「みんなが受験するから」とか「日本の社会の仕組みがそうだから」というような考えで受験勉強をはじめてしまうと、やる気も出ないし、必ずあとで、何かを人のせいにすることになってしまいます。自分の人生なんだから、社会やまわりの人間任せにするのはやめましょう。自分の人生に責任を取れるのは自分だけ。後悔（こうかい）がないように、自分で考えて、自分で決めるものです。

（唐木恵子・和田秀樹『ケイコ先生の合格のルール』朝日出版社より一部改）

---

(41)　（＿A＿）に入る言葉はどれですか。

1　果たして
2　必ずしも
3　ただ
4　単に

(42)　受験勉強について、文章の内容と合っているのはどれですか。

1　大学に入りたい気持ちがあるかどうかが大切である。
2　試験に必要な勉強しかしないので、人生のプラスにはならない。
3　大学に入りたくなくても、受験勉強はしたほうがいい。
4　自分の努力だけでなく、まわりの人の協力も必要である。

問題　２

次の文書を読んで問題に答えなさい。
答えは１・２・３・４の中から最も適当なものを１つ選びなさい。

社員各位

健康診断のお知らせ

総務部　田辺

健康診断を下記の通り実施します。社員各位は必ず受診してください。

記

１．日時　　5月14日（火）男性 …　9～12時/13～16時
　　　　　　5月15日（水）女性 …　9～12時/13～16時

２．場所　　健康管理室（本社７階）

３．検査項目　添付書類参照

４．注意　　当日やむを得ない理由で受診できない人は事前に
　　　　　　総務部 田辺まで申し出てください。
　　　　　　後日総務部より連絡をします。

以上

---

(43)　日程の都合がつかない人はどうしますか。

1　今年は受けられない。
2　総務部の田辺さんに連絡をする。
3　病院で健康診断を受ける。
4　理由書を総務部に提出する。

(44)　文書の内容と合っているのはどれですか。

1　希望者のみ実施する。
2　男性も女性も同じ日に行われる。
3　本社７階にて行われる。
4　検査項目は当日確認する。

問題　3

次の文章を読んで問題に答えなさい。
答えは１・２・３・４の中から最も適当なものを１つ選びなさい。

あの頃抱いた期待思い出す

認知行動療法研修開発センター　大野裕

この時期にはいわゆる五月病に関する原稿を依頼されることが多い。五月病は私が若いころに使われるようになった言葉だ。記憶では、大学に新しく入った若者が目標を見失ったときに起きる精神的な不調によく使われていたように思う。

まだ大学進学率が高くなかったころの話だ。憧れの大学に入り専門的な勉強ができると期待に胸を膨らませていた若者が、何百人も入る大教室で行われる一方的な講義に失望してしまう。

このような状態になるのは大学生に限ったことではない。職場などでも私たちは新しい環境になじむためにかなりエネルギーが必要になる。特に他の人の気持ちを大切にする傾向が強い人ほど、新しい環境で疲れを感じやすいので注意が必要だ。

新しい環境の仕組みやしきたり、他の人の考えもよくわからない。スムーズに仕事をしたいし、他の人と摩擦を起こしたくない。そう考えて発言・行動するが、それがその場にあっているかどうかもよくわからない。そのようなときに少しでもうまくいかないことがあると、大きな問題のように思えてくる。

いつの間にか独り相撲を取るようになり、ますます疲弊してしまう。このようなときは目の前の問題から少し距離を置き、自分がもともと期待していたことをもう一度確認してみるとよい。

期待があった（＿A＿）、失望もあるのだ。現実は期待通りに進まないこともあるが、期待を意識し実現するための方策を考えることで、期待に近づくことができるようになるし、こころも元気になってくる。

（「日本経済新聞」2018年５月28日付より一部改）

---

(45)　（＿A＿）に入る言葉はどれですか。

1　のみならず
2　からこそ
3　どころか
4　ことから

(46)　五月病から回復する方法について、文章の内容と合っているのはどれですか。

1　学生の頃(ころ)の気持ちを思い出す。
2　他人がどう思っているかを考えないようにする。
3　自分が以前期待していたことを実現する方法を考える。
4　一人で考え込(こ)まず、他の人の意見を聞く。

問題　4

次のメールを読んで問題に答えなさい。
答えは１・２・３・４の中から最も適当なものを１つ選びなさい。

2019/3/27（水）15:19

件名：納品遅延のお詫び

未来ストアの増田と申します。
この度は当店をご利用いただきまして、ありがとうございます。

ご注文いただきました商品ですが、メーカーからの入荷が遅れ、納期までにお送りすることができなくなってしまいました。予定より５日遅れでメーカーから直接発送させていただく予定です。
ご迷惑をお掛けして、誠に申し訳ございません。
下記の通り変更させていただきましたのでご確認ください。

発送日：４月９日（火）
お届け予定日：４月 10 日（水）

４月 10 日（水）以降で他にお受け取りの希望日がございましたら、お手数ですがご返信にてお知らせください。ご連絡がない場合は予定通り配送いたします。なお、４月７日以降のご希望変更はお電話でご連絡ください。宜しくお願いいたします。

【商品】サンコウ社製　業務用電動シュレッダー
【価格】29,800 円
【送料】無料
【合計】29,800 円
==================================
未来ストア
ご注文、ご配送に関するお問い合わせ
Tel：0120-XXX-XXX
受付　9：00～18：30（日曜日定休）
==================================

(47)　商品について、メールの内容と合っているのはどれですか。

1　発送予定日は４月５日だった。

2　４月に注文された。

3　未来ストアから発送される。

4　配送料はかからない。

(48)　このメールを読んだあとの行動として、正しいのはどれですか。

1　４月７日以降に受け取りを希望する場合は、電話する。

2　４月９日に受け取りを希望する場合は、返信する必要はない。

3　４月10日に受け取りを希望する場合は、このメールに返信する。

4　４月11日に受け取りを希望する場合は、このメールに返信する。

問題　５

次のチラシを読んで問題に答えなさい。
答えは１・２・３・４の中から最も適当なものを１つ選びなさい。

エアコンクリーニング

いつも「語文新聞」をご愛顧いただきまして、誠にありがとうございます。
ご愛読者の皆様に日頃の感謝の気持ちを込めまして「エアコンクリーニング」を
プロのお掃除屋さん「㈱グッドクリーニング」と共同企画いたしました。
この機会にぜひお試しください。

語文新聞ご愛読者様限定特別価格
エアコンクリーニング
１台　**￥9,000**（税別）
２台目から１台￥8,000（税別）にて清掃いたします。

実施期間：　５月１日（水）～５月６日（月）

★対象は家庭用のものに限ります。
★室外機の清掃及びエアコンの修理・付属品の取り扱いは行っておりません。
★作業員は１名でお伺いいたします。
★作業時間は１台１時間程度です。
★代金は作業終了時に担当作業員にお渡しください。（現金のみの取り扱いです）

お申し込み
お問い合わせは…

ＧＢＮ四谷
TEL　0120-XXX-XXX
受付時間　9：00～17：00

※お願い※

★先着順に日程を決めさせていただきますので日時をご指定されるお客様はお早めにご注文ください。
★作業時の駐車場確保にご協力ください。
有料駐車場使用の際は実費ご負担となります。ご了承ください。

(49)　誰がこのチラシを受け取りますか。

1　「語文新聞」を購読している人

2　「語文新聞」の新規購読を申し込んだ人

3　エアコンを購入した人

4　「㈱グッドクリーニング」に掃除を依頼したことがある人

(50)　エアコンクリーニングの代金について、チラシの内容と合っているのはどれですか。

1　エアコン２台の代金は税別で16,000円だ。

2　エアコン３台の代金は税別で25,000円だ。

3　代金は申し込み時に現金で支払う。

4　有料駐車場の利用料金もクリーニング代に含まれる。

(51)　チラシの内容と合っているのはどれですか。

1　日時の指定はできない。

2　エアコン本体の清掃以外は行なわない。

3　室外機の清掃を依頼すると作業に１時間以上かかる。

4　エアコン２台以上の場合は２名で作業を行う。

問題　6

次の文章を読んで問題に答えなさい。
答えは１・２・３・４の中から最も適当なものを１つ選(えら)びなさい。

チームワーク意識の浸透

組織内にチームワーク意識を浸透させるためには、会議やミーティング、個々のメンバーとのコミュニケーションやフォローアップなどを通じて、常にメンバー全員が目標（ビジョン）を共有し、目標に対して意識の（　A　）をそろえることが必要です。

チームワーク意識のない組織に共通していることは、各メンバーが自分が何をしているのか、または何のためにそれをしているのかわかっていないということです。それぞれが、ただ上から指示されたからという理由で仕事に取り組んでいます。このような状態では、創造性も発揮されません。

では、そのような組織では、会議やコミュニケーションが行われていないのかというと、そうではありません。むしろ必要以上にそれらに時間を割いていることすらあります。

ただ、その会議はビジョンを共有したり確認したりするものではなく、目の前の障害のみに焦点を当て、その障害の原因追及で終わっていることが多いのです。チームワークを築くはずの会議が、犯人捜しや責め会などチームワークを破壊する場と化しているのです。これを防ぐためには、まずリーダー自身が目的、ビジョン、ゴールを明確にし、それを共有するためのコミュニケーションを積極的にはかることが必要になります。

ただ、日頃、リーダーが一方通行のコミュニケーションしかしていなければ、本音を語り合えるような双方向のコミュニケーション環境はなかなかつくれません。

双方向のコミュニケーションを行なうには、その前提として信頼関係が必要になります。信頼関係を築くには、過去にできてしまった「感情のしこり」を取り除いたり、新しい「しこり」をつくりださないことが大切です。

（内田和俊『最強チームのつくり方』日本経済新聞出版社より一部改）

(52)　(　A　) に入る言葉はどれですか。

1　スキーム
2　キャパシティ
3　アテンド
4　ベクトル

(53)　下線部「そのような組織」とありますが、どんな組織ですか。

1　メンバーが目標を共有している組織
2　チームワークの意識がない組織
3　コミュニケーションが取れている組織
4　リーダーが仕事の指示をしない組織

(54)　文章の内容と合っているのはどれですか。

1　リーダーがビジョンを明確に持ちコミュニケーションをはかることでチームワークを作り上げることができる。
2　会議は、信頼関係を築き上げることとは何ら関係がなく、時間の無駄である。
3　直面する問題の原因がわからないままでは、チームワークの意識は浸透しない。
4　リーダーが本音を語ることで、チーム内のわだかまりがとけて信頼関係を築き上げることができる。

問題　7

次の文書を読んで問題に答えなさい。
答えは１・２・３・４の中から最も適当なものを１つ選びなさい。

盗難防止の徹底に関する通達

2019年5月8日
南日本建設株式会社

工事担当者　各位

近頃、現場事務所や資材置き場から材料、主に銅・アルミ製品や高価な工具類の盗難が相次いでいます。つきましては、下記の盗難防止策の徹底をお願いします。

記

1. 銅・アルミ製品の在庫は必要最小限にとどめる。
2. 材料の現場保管は可能な限り減らす。
3. 材料、工具類の保管場所は施錠できる場所を確保する。
4. 百万円以上の材料の現場保管は夜間警備を付ける。

以上

---

(55)　この会社で起こったことは、何ですか。
1　余剰在庫の発生
2　事務所の鍵の掛け忘れ
3　警備員による現金の盗難
4　工具の盗難被害

(56)　文書の内容と合っているのはどれですか。
1　100万円以上の製品の在庫管理には常時警備員を雇う。
2　現場での材料の保管は鍵のかかる場所にする。
3　使用する工具は最小限に抑える。
4　高額製品を現場で保管してはいけない。

問題　8

次の文章を読んで問題に答えなさい。
答えは１・２・３・４の中から最も適当なものを１つ選びなさい。

カシオ 19 年度出荷 1000 万個突破へ

カシオ計算機は８日、衝撃に強い腕時計として人気がある「G-ＳＨＯＣＫ（ショック）」の全世界への出荷数が 2019 年度に初めて年間 1000 万個を突破するとの見通しを明らかにした。東南アジアなど海外での販売が伸び、950 万個程度となる 18 年度より 50 万個以上増えると見込んでいる。

Ｇショックは 1983 年に初代モデルを発売し、17 年８月末に累計出荷が１億個を超えたカシオの主力製品。ここ数年はおおむね 50 万個のペースで出荷数を伸ばしており、19 年度も勢いが続くとみている。

外装にステンレスやチタンを用いた「メタルモデル」を 18 年に相次いで投入した。斬新さが受け、国内では主流の合成樹脂モデルと並ぶ人気商品になった。Ｇショックの出荷先は約８割が海外。19 年度は欧米に加え、フィリピンやベトナム、インドネシアなどでもメタルモデルを売り込む。

18 年度の出荷数に占めるメタルモデルの割合は約 20%の見込みだが、数年後に 30%まで引き上げる。増田裕一取締役専務執行役員は「東南アジアを中心に販売を伸ばし、20 年度以降は 1100 万～1200 万個の出荷を目指したい」と話している。

（「毎日新聞」2019 年３月 10 日付より一部改）

(57)　「G-ＳＨＯＣＫ（ショック）」の出荷数について、文章の内容と合っているのはどれですか。

1　2019年度は前年より50万個以上増える見込みである。
2　海外への出荷が2017年に累計で１億個を超えた。
3　2019年度のメタルモデルの目標出荷数は1100万個である。
4　数年後にメタルモデルが合成樹脂モデルの出荷数を超えそうである。

(58)　カシオ計算機の今後の事業展開について、文章の内容と合っているのはどれですか。

1　国内での販売に力を注ぐ。
2　東南アジアでの販売を開始する。
3　メタルモデルの出荷割合を増やす。
4　新モデルの製造拠点を海外に移す。

問題　9

次の文書を読んで問題に答えなさい。
答えは１・２・３・４の中から最も適当なものを１つ選びなさい。

株式譲渡契約書

渡辺和一(以下甲という)とマイケル・キム(以下乙という)は以下の通り契約を締結した。

第1条
甲は乙に対しABC株式会社の株式100株を売却する。譲渡の代金として乙は甲に820万円を支払うものとする。
第2条
前条に定める株式譲渡に係る代金の支払いは、乙が本契約締結後7日以内に、甲の指定する下記金融機関口座に振り込む方法によるものとし、振り込みに係る金融機関の手数料は乙が負担するものとする。
第3条
乙が株式譲渡に係る代金を甲に支払った後、甲はABC株式会社に対し、第1条に定める株式が甲から乙に譲渡されたことを通知すると共に、株主名簿の名義書換を請求する。

(以下略)

---

(59)　どんな契約をしましたか。
1　マイケル・キム氏がABC株式会社から株を買う契約
2　渡辺和一氏がABC株式会社から株を買う契約
3　マイケル・キム氏が渡辺和一氏から株を買う契約
4　渡辺和一氏がマイケル・キム氏から株を買う契約

(60)　文書の内容と合っているのはどれですか。
1　株を譲渡される側が負担するのは株の代金のみである。
2　株式は1株820円で計算されている。
3　名義変更はABC株式会社が行う。
4　譲渡される側は7日以内に小切手を振り出す。

3　漢字問題

A　次のひらがなの漢字をそれぞれ１・２・３・４の中から１つ選びなさい。

(61)　会議の資料をくばっておきましょう。
1　追って　　2　配って　　3　散って　　4　残って

(62)　服にちがついた。
1　血　　2　汗　　3　粉　　4　毛

(63)　つまは、ベトナムに単身赴任(ふにん)している。
1　婦　　2　夫　　3　妻　　4　娘

(64)　こちらがへんしゅう部の新人、加藤さんです。
1　企画　　2　技術　　3　編集　　4　経理

(65)　早くしたくしなければ間に合わない。
1　調度　　2　準備　　3　計画　　4　支度

(66)　仕事をびょうどうに分担する。
1　平等　　2　均等　　3　同等　　4　対等

(67)　長年の研究がみを結んだ。
1　美　　2　味　　3　身　　4　実

(68)　ビジネスビザのしんせいには手間がかかる。
1　申告　　2　審議　　3　審査　　4　申請

(69)　風評被害にあい、売り上げ低迷が続いている。
1　遭い　　2　遇い　　3　合い　　4　逢い

(70)　原因を特定し、対策をこうじる。
1　講じる　　2　興じる　　3　項じる　　4　購じる

(71)　こちらがへいしゃのリニューアルしたホームページでございます。

1　弊社　　2　当社　　3　御社　　4　貴社

(72)　この商品は南アジアの市場では苦戦をしいられている。

1　迫いられて　　2　制いられて　　3　強いられて　　4　圧いられて

(73)　彼はよく挙動ふしん者に見られる。

1　不振　　2　不審　　3　不信　　4　腐心

(74)　精魂込めたかいしんの作です。

1　改心　　2　会心　　3　改新　　4　快心

(75)　仕入先のおうへいな態度に腹が立つ。

1　大風　　2　横風　　3　横暴　　4　横柄

B　次の漢字の読み方を例のようにひらがなで書いてください。

・ひらがなは、きれいに書いてください。
・漢字の読み方だけ書いてください。

（例）　はやく書いてください。

（例）	か

(76)　ランチタイムは全席禁煙でございます。

(77)　この肉は柔らかい。

(78)　中古車の売買をする。

(79)　会議は再来週行います。

(80)　川の流れに逆らう。

(81)　寄付を集める。

(82)　見積書を同封（どうふう）した。

(83)　昇進（しょうしん）を辞退することにした。

(84)　このソフトで在庫状況が確認できる。

(85)　これ以上の値引き交渉は受け付けられない。

(86)　コンペで競合他社に負けてしまった。

(87)　これは杉田教授が発表した論文の要旨だ。

(88)　県議会議員の視察旅行が問題になっている。

(89)　入力データに誤字が見つかった。

(90)　破損の連絡を受け、急ぎ代替品を発送した。

4　記述問題

A　例のように＿＿＿＿＿に適当な言葉を入れて文を作ってください。

・漢字は、<u>今の日本の漢字</u>を書いてください。

（例）　きのう、＿＿＿＿＿＿でパンを＿＿＿＿＿＿。
（A）　（B）

（例）	（A）　スーパー	（B）　買いました

(91)　（駅で）
A：遅くなりましたね。このままでは約束の時間に＿＿＿＿＿＿そうですから、
（A）
タクシーで＿＿＿＿＿＿か。
（B）

B：はい、そうしましょう。

(92)　＿＿＿＿＿＿がぺこぺこで＿＿＿＿＿＿が出ません。
（A）　（B）

(93)　この＿＿＿＿＿＿は＿＿＿＿＿＿ので、一晩で読みきりました。
（A）　（B）

(94)　仕事でミス＿＿＿＿＿＿落ち込んでいたら、＿＿＿＿＿＿が飲みに連れて
（A）　（B）
行ってくれました。

(95)　この地方の夏は、気温が＿＿＿＿＿＿、しかも湿度も＿＿＿＿＿＿。
（A）　（B）

B　例のように３つの言葉を全部使って、会話や文章に合う文を作ってください。

・【　　】の中の文だけ書いてください。
・１．→２．→３．の順に言葉を使ってください。
・言葉の＿＿の部分は、形を変えてもいいです。
・文は、１つか２つです。３つ以上は、だめです。
・漢字は、今の日本の漢字を書いてください。

（例）
きのう、【　1.　どこ　→　2.　パン　→　3.　買う　】か。

〔例〕	（例）	どこでパンを買いました

(96)
【　1.　傘（かさ）　→　2.　持って行く　→　3.　忘れる　】ようにしてください。

(97)
A：のどが渇きましたね。喫茶店でお茶でも飲みませんか。

B：ええ。私は【　1.　のど　→　2.　渇く　→　3.　というより　】、

歩き疲れたので少し休みたいです。

(98)
忙しくて、昼ご飯を【　1.　食べる　→　2.　時間　→　3.　さえ　】。

(99)
お客様には【　1.　つねに　→　2.　丁寧　→　3.　言葉　】接してください。

(100)
彼はお金がない【　1.　言う　→　2.　つつも　→　3.　節約する　】。

J.TEST

実用日本語検定

聴 解 試 験

1	写真問題	問題	１ ～１０
2	聴読解問題	問題	１１～２０
3	応答問題	問題	２１～４０
4	会話・説明問題	問題	４１～５５

1　写真問題 (問題1～10)

例題

例題1
例題2

例題1→	れい1	● ② ③ ④	(答えは解答用紙にマークしてください)
例題2→	れい2	① ② ● ④	(答えは解答用紙にマークしてください)

A　問題1
問題2

B

問題3
問題4

C

問題5
問題6

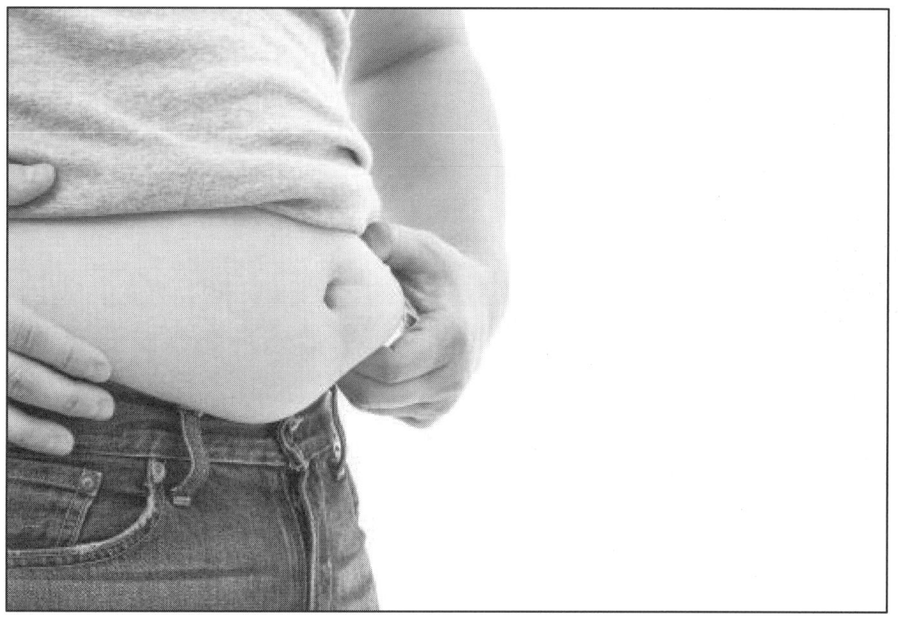

D　問題7

問題8

E　問題9

F　問題10

2 聴読解問題 （問題11～20）

例題

例題1
例題2

① ② 株式会社ＧＫ出版

営業部
部長 吉 田　一 郎
YOSHIDA　Ichiro

③ 〒130-0021 東京都墨田区緑×－×－×
TEL:03-3633-xxxx　E-mail:yoshida@XX.jp ④

例題1→	れい1	① ● ③ ④	（答えは解答用紙にマークしてください）
例題2→	れい2	① ② ● ④	（答えは解答用紙にマークしてください）

G　問題11
問題12

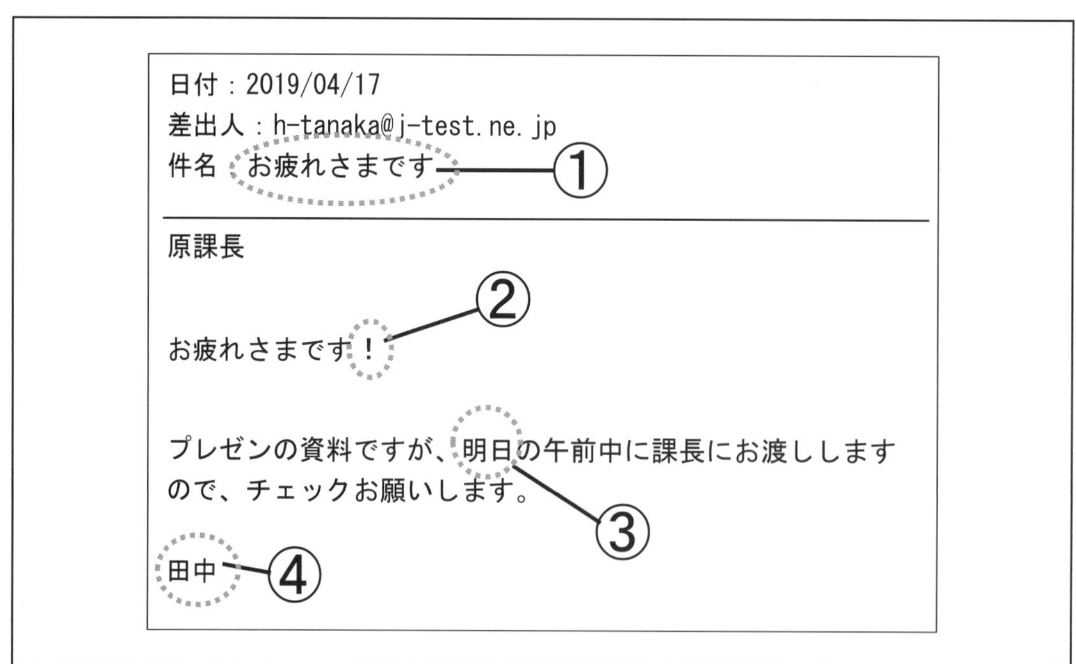

H　問題13
問題14

I　問題15
問題16

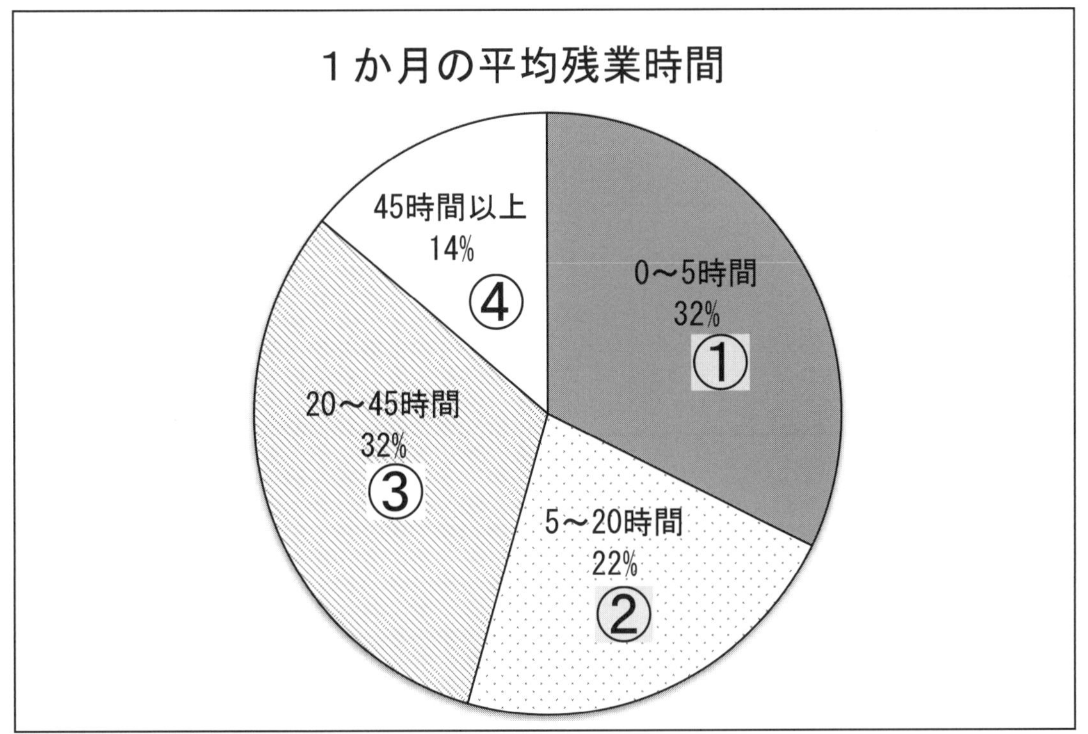

J　問題17

問題18

高校生の自己肯定感（%）

	①	②	③	④
体力に自信がある	51.6	60.8	72.5	37.9
人とうまく協力できるほうだ	87.1	89.5	89.4	71.0
つらいことがあっても乗り越えられる	84.7	80.4	89.8	68.7
今の自分に満足している	70.4	62.2	75.6	41.5
私は価値のある人間だ	83.7	80.2	83.8	44.9

K　問題19

① 91万4993円

② 93万4858円

③ 97万312円

④ 99万1340円

問題20

① 建設

② 自動車

③ 印刷

④ 電力

3 応答問題 (問題21～40)

（問題だけ聞いて答えてください。）

例題1	→	れい1	●	②	③	（答えは解答用紙にマークしてください）
例題2	→	れい2	①	●	③	（答えは解答用紙にマークしてください）

問題21
問題22
問題23
問題24
問題25
問題26
問題27
問題28
問題29
問題30
問題31
問題32
問題33
問題34
問題35
問題36
問題37
問題38
問題39
問題40

メモ（MEMO）

4 会話・説明問題 （問題41～55）

例題

1 資料のコピー
2 資料のチェック
3 資料の作成

れい	① ● ③

（答えは解答用紙にマークしてください）

1

問題41
1 男の人にお金を借りる。
2 自分の分のランチ代を払（はら）う。
3 二人分のランチ代を払う。

問題42
1 会社に戻（もど）ってから女の人にお金を返す。
2 財布を取りに会社に戻る。
3 女の人のランチ代を出してあげる。

2

問題43
1 お酒を飲めない体質だから
2 花粉症（しょう）の薬を飲んでいるから
3 体調が悪かったから

問題44
1 布団乾燥（かんそう）機を利用している。
2 天気のいい日は洗濯（せんたく）をしない。
3 洗濯物が風で飛んだ。

3

問題45　1　書類の提出が遅(おそ)いこと
　　　　2　予測が具体的ではないこと
　　　　3　費用がかかりすぎること

問題46　1　出張先での移動手段の検討
　　　　2　タクシーの予約手配
　　　　3　出張報告書の作成

4

問題47　1　復職時の勤務地が選べる。
　　　　2　休業期間を自由に設定できる。
　　　　3　休業前の職場に復帰できる。

問題48　1　一般職社員のみ対象となる。
　　　　2　休業期間に関係なく対象となる。
　　　　3　勤続年数によって対象となる。

問題49　1　企業内保育所の設置をすすめている。
　　　　2　新制度は社員の要望を受けて導入された。
　　　　3　出産を機に退職する社員が多いため新制度ができた。

5

問題50　1　クラッシャー上司につぶされた部下の話
　　　　2　クラッシャー上司にならないための方法
　　　　3　クラッシャー上司の外見的特徴

問題51　1　他人に厳しく自分に甘い。
　　　　2　自分のミスを認められない。
　　　　3　情緒が不安定である。

問題52　1　同情して話を聞いてあげるのがいい。
　　　　2　真に受けずにやり過ごすのがいい。
　　　　3　尊敬すべき点だけを参考にするのがいい。

6

問題53　1　日米欧の消費量が減少している。
2　主産国の消費量が増加している。
3　日米欧と主産国の消費量が逆転した。

問題54　1　需要においつかなそうだ。
2　前年より減りそうだ。
3　過去最大となりそうだ。

問題55　1　コーヒーの国際価格が上昇している。
2　ブラジルからのコーヒーの輸入は減る見込みだ。
3　コーヒーの消費量のシェアは、日米欧で約半分だ。

終わり

第2回　　　　　　　　　　　　　　　　　（A－C）

実用日本語検定

TEST OF PRACTICAL JAPANESE

J.TEST

受験番号		氏　名	

注　意

試験が始まるまで、この問題用紙を開けないでください。

日本語検定協会／J.TEST事務局

J.TEST

実用日本語検定

読 解 試 験

1	文法・語彙問題	問題	(1) ～ (40)
2	読解問題	問題	(41) ～ (60)
3	漢字問題	問題	(61) ～ (90)
4	記述問題	問題	(91) ～ (100)

1　文法・語彙問題

A　次の文の（　　　）に1・2・3・4の中から最も適当な言葉を入れなさい。

（1）　日本に1年住んでいるが、ひらがな（　　　）読めない。
　　1　たび　　2　ばかり　　3　ほど　　4　さえ

（2）　部長は（　　　）っぽい性格だ。
　　1　怒れ　　2　怒り　　3　怒る　　4　怒ら

（3）　山田さんは大きなミスに気づいて（　　　）、誰にも相談をしなかった。
　　1　いたにしては　　2　こそすれ
　　3　はじめて　　4　いながら

（4）　プログラムに（　　　）研修を行っている。
　　1　わたって　　2　さいして　　3　つれて　　4　そって

（5）　休めるもの（　　　）休みたいが、この仕事を代わりにできる人がいない。
　　1　なら　　2　だから　　3　には　　4　とは

（6）　課長は昼前に（　　　）きりまだ戻って来ない。
　　1　出かけ　　2　出かけた　　3　出かけよう　　4　出かけて

（7）　この店は味も（　　　）ながら値段も安い。
　　1　どうぜん　　2　さること　　3　およばず　　4　かわきり

（8）　父は「家事は女のすることだ」と（　　　）はばからない。
　　1　言うの　　2　言い　　3　言って　　4　言うと

（9）　新人の吉田さんは、注意した（　　　）同じ間違いをしている。
　　1　かといえば　　2　からというもの
　　3　までもなく　　4　そばから

（10）　この時間に帰宅していない（　　　）、何か事故があったのかもしれない。
　　1　となると　　2　となり　　3　となって　　4　となるに

（11）　修理に2万円もかかる（　　　）なら、新しいのを買ったほうがいい。
　　1　くらい　　2　しだい　　3　ところ　　4　しまつ

(12)　課長が直帰してしまったので、休暇（きゅうか）届けを出し（　　　）しまいました。

1　かねて　　2　そびれて　　3　のがれて　　4　それて

(13)　心ならず（　　　）計画を断念した。

1　の　　2　に　　3　で　　4　も

(14)　父は久しぶりに運動をし、（　　　）疲れただの、足が痛いだのとうるさかった。

1　どれ　　2　あれ　　3　やれ　　4　なれ

(15)　立った（　　　）に頭をぶつけた。

1　ふし　　2　さかい　　3　いたり　　4　ひょうし

(16)　A：「事故で電車が動いていないみたい」

B：「電車が止まっていたら、（　　　）ね」

1　まるで会社に行くかのようだ　　2　会社に行きようがない

3　電車が動き出しかねない　　4　運転している最中（さいちゅう）だ

(17)　A：「レポートの締め切り、明日だよね？」

B：「（　　　）！　思い出させてくれてありがとう」

1　提出（ていしゅつ）を忘れるところだった　　2　もう提出したくてたまらない

3　書かないともかぎらない　　4　レポートは忘れがたい

(18)　石井（いしい）：「松本（まつもと）さん、フランス旅行で１泊10万円のホテルに泊まったらしいよ」

斉藤（さいとう）：「（　　　）ね。私もそんなホテルに泊まってみたいです」

1　仕事のかたわらでしょう

2　贅沢（ぜいたく）のきわみです

3　松本さんに泊まられてはかなわないです

4　松本さんの贅沢を願ってやみません

(19)　A：「聞いて！　友だちがアメリカに留学することに決まったんだよ！」

B：「どうしてそんなに興奮するの？　別にあなたが（　　　）」

1　留学するにすぎないし　　2　留学するわけにもいかないし

3　留学するわけじゃあるまいし　　4　留学することなんぞ聞きたくないし

(20)　A：「ご主人は（　　　）か」

B：「すみません、主人はちょっと今、出ておりまして…」

1　お見えにされています　　2　ご在宅になられています

3　お見えになられています　　4　ご在宅でしょう

B　次の文の（　　　）に１・２・３・４の中から最も適当な言葉を入れなさい。

(21)　あ！　ごめんなさい、あなたのジュース、（　　　）飲んじゃった。
1　うんざり　2　そっと　3　さっぱり　4　うっかり

(22)　この大学の（　　　）はとても広い。
1　スタイル　2　キャンパス　3　バランス　4　エントリー

(23)　言っていることとやっていることが（　　　）している人は信用できない。
1　誤解（ごかい）　2　油断（ゆだん）　3　違反（いはん）　4　矛盾（むじゅん）

(24)　金メダルは無理でも、（　　　）１回戦は勝ちたい。
1　ほんの　2　わざと　3　せめて　4　むしろ

(25)　取引先を（　　　）なしで訪問するのは失礼だ。
1　ペイ　2　キャパ　3　アポ　4　シェア

(26)　国は、使い捨てプラスティックの使用を抑制（よくせい）する方針を（　　　）。
1　打ち出した　2　取り出した　3　述べ出した　4　引き出した

(27)　封筒に赤い字で「履歴書（りれきしょ）（　　　）」と書く。
1　中間　2　在中　3　所在　4　存在

(28)　この件につきましては、（　　　）に検討したいと思います。
1　協調的　2　将来性　3　楽観的　4　前向き

(29)　社長が何を考えているのか、（　　　）見当もつかない。
1　皆目　2　前代　3　泰然　4　相当

(30)　研修を終えた新入社員の成長には（　　　）ものがあった。
1　目をみはる　2　耳をすます　3　鼻をきかす　4　口をとがらす

C　次の文の＿＿＿の意味に最も近いものを１・２・３・４の中から選びなさい。

(31)　私が毎日利用(りよう)するバスは、遅(おく)れがちだ。
　1　必(かなら)ず遅れる　　2　遅れることがよくある
　3　遅れることがほとんどない　　4　全然(ぜんぜん)遅れない

(32)　相撲(すもう)のけいこがある。
　1　練習　　2　試合　　3　知識　　4　文化

(33)　内容はともかく、結果は良かった。
　1　はかなり悪かったが　　2　は良くも悪くもなく普通だったが
　3　があまり良くなかったが　　4　が良かったか悪かったかは別の話だが

(34)　理事長はいつも話がくどい。
　1　難しい　　2　しつこい　　3　長い　　4　早い

(35)　私にとってこの仕事は朝飯前だ。
　1　大変だ　　2　つまらない　　3　かんたんだ　　4　楽しい

(36)　この店舗(てんぽ)は７月31日をもって営業を中止する。
　1　で　　2　の　　3　まで　　4　までに

(37)　計画の変更を余儀(よぎ)なくされた。
　1　指示された　　2　考えはじめた
　3　しなければならなくなった　　4　できなくなった

(38)　この地方の食材を堪能(たんのう)してもらう。
　1　購入して　　2　販売して　　3　味わって　　4　判定して

(39)　難しい問題をもてあましている。
　1　解決できなくて困っている　　2　たくさん抱えている
　3　一生懸命に考えている　　4　解決したいと願っている

(40)　よろしければ、一席設けさせていただきたいのですが。
　1　会議に参加　　2　リストに登録
　3　宴会に招待　　4　募集に応募

2　読解問題

問題　1

次のメールを読んで問題に答えなさい。
答えは１・２・３・４の中から最も適当なものを１つ選びなさい。

2019/09/10　12:10

件名：生徒下校時間変更のお知らせ

保護者各位

日ごろより本校の活動にご協力いただき、ありがとうございます。

さて、大型台風の接近により当地方にも多大な影響が出ることが予想されます。また、交通機関が乱れる可能性もあります。つきましては、本日、1、2年生は午前授業とし、13時に下校、3年生は午後に予定されている進路希望アンケート記入後、14時に下校といたします。

なお、台風のスピードが遅いため、明日朝まで影響が残ることも考えられます。そこで明日は朝6時30分に状況を見て、通常通りの授業とする、または登校時間を遅らせるなどの判断をし、一斉メールをお送りしますので必ずご確認ください。

南野高等学校　学校長　岡崎 弘

---

(41)　今日について、メールの内容と合っているのはどれですか。

1　生徒は全員13時に下校する。
2　1、2年生の午前の授業はない。
3　3年生は家でアンケートを書く。
4　3年生は14時に下校する。

(42)　明日について、メールの内容と合っているのはどれですか。

1　いつも通り授業が行われる。
2　台風の状況によって、授業を行うかどうか決める。
3　保護者は朝6時半に学校へメールを送る。
4　台風は通り過ぎ、天気は良さそうだ。

問題　2

次のメールを読んで問題に答えなさい。
答えは１・２・３・４の中から最も適当なものを１つ選びなさい。

2019/07/30　15:37

件名：本日直帰します

佐々木(ささき)部長

お疲れ様です。

Ａ社から、システムに不具合(ふぐあい)が見つかったため至急(しきゅう)来社してほしいとの連絡を受けて向かいましたが、電車遅延(ちえん)により到着(とうちゃく)が遅れたうえ、不具合の解消に時間がかかりそうです。そのため、本日は終わり次第、直帰いたします。
何かありましたら、お手数ですが、私の携帯(けいたい)電話にメッセージを残していただけますか。追って連絡いたします。

青田(あおた)

---

(43)　青田(あおた)さんは今どこにいますか。
　1　自分の会社
　2　Ａ社
　3　電車の中
　4　家

(44)　何を報告するためのメールですか。
　1　システムに不具合が起きたこと
　2　電車の遅延(ちえん)で遅刻(ちこく)すること
　3　客の対応(たいおう)が終わってから会社に戻ること
　4　今日は会社に戻らず帰宅すること

問題　3

次の文章を読んで問題に答えなさい。
答えは１・２・３・４の中から最も適当なものを１つ選びなさい。

自分の不幸を嘆く人のまわりに人は集まらない

うつ病になるような人や神経症的傾向の強い人に、周囲の人は長い間にはたいてい嫌気がさす。それは彼らが周囲の人に比べて経済的に恵まれているのに、何を言っても不運を嘆き、生きることの苦しさを言っているからである。つまり彼らは何事においてもマイナスの発想である。

お金に困っているわけでもなければ、怪我をしているわけでもない。失恋をしているわけでもない。

うつ病になるような人や神経症的傾向の強い人は、それなのにいつも「私は不幸だ」と自分の人生を嘆いている。毎日「辛い」と言っている。

そして何も言わなくても「辛い」という雰囲気を出している。時には自分は一番不幸と言っている。

しかし、病気になって入院をしているわけではない。いや、（　A　）普通の人より肉体的には健康である。

そこで相談にのっている周囲の人は、嘆いている人に嫌気がさしてくる。そうして人々はうつ病になるような人や神経症的傾向の強い人から去っていく。

「辛い、辛い」と嘆いている人から、人は去っていく。それは大人でも幼児でも同じである。「辛いよー」という幼児からは、次の遊びの時に、他の子は「ヤダー」と逃げていく。

(ア) 不幸は感染する。隣の人も不愉快になる。不幸な人のいる部屋の空気は暗くなる。まわりも気が落ち込む。

だから不幸な人のまわりには人が集まらない。そしてそれまでいた人が去っていく。不幸な人は不幸を呼ぶ。教授が暗い顔してすごい話をしても、学生は覚えていない。学生の頭に入らない。

（加藤諦三『心の休ませ方　「つらい時」をやり過ごす心理学』
PHP 研究所より一部改）

---

(45)　（＿Ａ＿）に入る言葉はどれですか。

1　それどころか

2　しかしながら

3　おまけに

4　なぜなら

(46)　下線部（ア）「不幸は感染（かんせん）する」とは、どういうことですか。

1　自分が不幸だと思っている人の近くにいると、一緒にいる人も暗い気持ちになるということ

2　一度不幸なことが起こると、次々と不幸なことが起こるということ

3　一度マイナス思考になると、何事もプラスに考えられなくなるということ

4　部屋の空気が悪いと、不幸な気持ちになりやすいということ

(47)　うつ病になるような人について、文章の内容と合っているものはどれですか。

1　いつも周りの人に嫌気（いやけ）がさしている。

2　経済的に恵（めぐ）まれていないことが多い。

3　けがや失恋がきっかけで発症（はっしょう）する人が多い。

4　客観的には不幸ではないが自分は不幸であると感じている。

問題　4

次のメールを読んで問題に答えなさい。
答えは１・２・３・４の中から最も適当なものを１つ選びなさい。

2019/06/09　15:31

件名：定期点検

株式(かぶしき)会社ドリームレンタル　大村(おおむら)　様

幸田(こうだ)ビルの幸田です。いつもお世話になっております。

６月20日から25日にかけて、貴社(きしゃ)からリースしている設備の定期点検を行うという旨(むね)の文書を頂戴(ちょうだい)しました。私も立ち合いたく存じますので、詳(くわ)しい日程が決まり次第、教えていただければ幸いです。

また、お越しいただいた際、現在９階に設置されているキッチン設備の返却(へんきゃく)についてご相談させていただければと存じます。９階のグリーンズ・カフェは来月で営業を終了し、フロア全体をリフォームして、レンタルオフィスに改装する予定です。

私は、今月は火曜日と木曜日の正午から午後７時、それ以外は土曜日も含め、10時から18時まで１階の事務所におります。ただ、所用で席を外すことも多いため、事前にご連絡をいただければと存じます。

(48)　９階について、メールの内容と合っているのはどれですか。
1　営業中のカフェを来月閉鎖(へいさ)する。
2　カフェを新装開店する。
3　フロア全体をリフォーム会社にレンタルする。
4　１階の事務所が移動してくる。

(49)　幸田(こうだ)さんが事務所にいないのはいつですか。
1　火曜日の午前
2　水曜日の午前
3　木曜日の午後
4　土曜日の午後

問題　５

次の文章を読んで問題に答えなさい。
答えは１・２・３・４の中から最も適当なものを１つ選びなさい。

アインシュタインは時間は一定ではなく相対的だと言ったが、遅刻とみなされる時間も一定ではないらしい。同じ地球の上でも国民性の違いでさまざまである。

一説によれば、ドイツが５分、イギリスで 10 分、フランスとイタリアがともに 15 分——欧州の先進国で最も遅刻に寛容な国の倍というから、世界をまたにかけて活躍する美術家が (ア) 立腹するのも無理からぬことかもしれない。

兵庫県西脇市の美術館職員が制作資材を運ぶのに 30 分遅刻し、横尾忠則さん（82）を怒らせたという。「創作意欲が失われた」と立ち去り、作品が整わず展覧会を延期する事態になっている。

作られようとしていたのは地元特産の播州織の布などを使った立体作品だった。播州織は豊かな色彩と肌触りの良さで、ルイ・ヴィトンをはじめ海外ブランドの生地にも採用されている。これを西脇出身の横尾さんが手がけるとなれば、地元の人が楽しみにしないはずはない。

アインシュタインに聞くまでもないのは、人の内面に怒りの宿る時間である。個人によりさまざまで、これにも定時はない。横尾さんに意欲が戻るまで、いかほどだろう。

（「読売新聞」2018 年９月 20 日付より一部改）

---

(50)　下線部（ア）「立腹するのも無理からぬこと」とは、どういう意味ですか。

1　怒ることは絶対にないということ
2　喜ぶことは絶対にないということ
3　怒るのは当たり前だということ
4　喜ぶのは当たり前だということ

(51)　文章の内容と合っているのはどれですか。

1　横尾さんは海外ブランドの依頼で作品を作る予定だった。
2　日本は遅刻に寛容な国だ。
3　横尾さんは遅刻してしまい作品が作れなかった。
4　怒り続ける時間は人によって違う。

問題　6

次の文章を読んで問題に答えなさい。
答えは１・２・３・４の中から最も適当なものを１つ選びなさい。

「行間を読む」の本当のメリット

行間を読むという不思議な言葉があります。

たとえば誰かから手紙が来て、時候のあいさつが書いてあり、いま自分たちが活動している NPO 組織の活動状況が書かれていて、「それほど豊かな財政ではありませんが、みなしてがんばってやっています。どうぞ心からの応援をおくってください」と結んである場合、読んだ人はどうするでしょうか。

なるほど、そう書いてあるからがんばれと、手紙の前で声援を送る人もいるかもしれません。けれど、心からの応援をおくってくれという言葉からいくらかの金銭的なサポートをしてほしい、あるいは手伝いに来てほしいと言っているのに違いないと思って、実際に行動に移る人も何人かいるのです。

これが行間を読むという文字通りの私たちの心の動き。パフォーマンス学・心理学での「インプリシット」（implicit）に該当（がいとう）します。インプリシットは暗示表現。つまりはっきりと言葉では言わないけれども、なにがしか相手側に要望や変化を要請する意図があり、それをこちらがなんとなく読み取るという表現手段です。

（…中略…）

私たち日本人はお互いを取り囲む状況がもともと似ているために、あまり明言しなくても、ほんわかとインプリシットな表現をしていれば相手が行間を読んでくれるという文化を持っているのです。最近、格差が進んでいると言われる日本社会ですが、もともと私たちは一億総中流で似たような生活、似たような価値観を持っている国民でした。だから、「困ったなあ」と言われれば、周りの人はその人が何に困っているかだいたいわかったのです。

このことには大きなメリットがあります。相手をはっきり攻撃したり、とんでもない人だと明言したりしないために相手の気持ちに与えるダメージが少なくて済むのです。相手を傷つけなくて済むというわけです。

しかし、「行間を読む」のは、それほどかんたんではありません。感性が鋭く、いつも人のことを考えて相手の状況によく注目している人しかできない業（わざ）です。
つまり行間を読めるのもまた、思いやり行動なのです。

（佐藤綾子『思いやりの日本人』講談社より一部改）

---

(52)　行間を読む人は、NPOからの手紙を読んだ後、どうしますか。

1　自分もがんばろうと思う。
2　すぐに返事を書いて出す。
3　がんばれと手紙に向かって声援を送る。
4　お金を送ったり手伝いに行ったりする。

(53)　文章の内容と合っているのはどれですか。

1　日本人は最近、行間を読めなくなってきた。
2　行間を読める人は、相手のことを考えられる人だ。
3　思いやりのある行動をすることで、行間を読めるようになる。
4　日本人があいまいな表現をするのは、行間を読めないからだ。

問題　7

次の文章を読んで問題に答えなさい。
答えは１・２・３・４の中から最も適当なものを１つ選びなさい。

企業、男性の育休義務化

「本当に休めるんですか？」。積水ハウスは９月から男性社員に１カ月以上の育児休業取得を義務付けます。この方針を７月下旬に公表すると、人事部門に男性社員から問い合わせが相次ぎました。同社では子どもが３歳になるまで育休を取得できます。例えば現在２歳の子どもを持つパパ社員も義務化の対象です。同社によると、1400人の男性社員に育休取得義務が生じるといいます。

育休は仕事と子育ての両立に欠かせない仕組み。育児・介護休業法では原則子どもが１歳になるまで父親でも母親でも取得できます。ところが2017年度の取得率は女性83.2％に対して男性5.14％と大差があります。女性の就業を促進するには（　A　）。国は20年までに男性の育休取得率を13％にする目標を掲げて、企業に協力を求めています。

日本生命保険やリクルートコミュニケーションズ（東京都）も数年前から男性の育休取得を義務化しています。ただ両社の取得義務は１週間程度。１カ月以上の義務化は（　B　）。積水ハウスの伊藤みどり執行役員は「１カ月間は有給ですので収入が減る心配もありません。子育てを体験すれば発想も豊かになり、家造りの良いアイデアも浮かぶはず。育休は将来的に仕事に役立ちます」と説明します。

育休取得が女性に偏っているのは先進国共通の課題です。ドイツやフランス、スウェーデンなどは休業期間や手当などを手厚くし、父親の取得促進に努めています。その結果、休業を取得する男性はいずれの国でも増えました。それでも男女同数には及ばず、女性の方がいまだに取得率は高く、取得期間も長くなっています。

（…中略…）

両立問題に詳しい法政大学の松浦民恵准教授は「取得してみて育休の必要性や大切さに初めて気付く男性も多い。男性の意識改革を促すには全員取得推進も有効です」と指摘します。

（「日本経済新聞」2018年８月27日付より一部改）

---

(54)　（　A　）に入る文はどれですか。

1　男性と女性が同時に育休を取得する必要があります
2　男性が育児の中心になるべきです
3　男性が女性の仕事を引き受けなければなりません
4　男性の育児参加が欠かせません

(55)　（　B　）に入る言葉はどれですか。

1　不確実です
2　異例です
3　疑問です
4　不明です

(56)　文章の内容と合っているのはどれですか。

1　積水（せきすい）ハウスは、育休を取得した社員がその経験をいずれ仕事に役立てることを期待している。
2　日本では、女性と男性の育休取得率に約２倍の差がある。
3　他の先進国では育休中の手当を厚くするなどの努力の結果、男性の取得率が女性並みに上がった。
4　積水ハウスの男性社員が３歳までの子どもがいても育休取得をためらうのは、その間の収入が減るからだ。

問題　8

次の文書を読んで問題に答えなさい。
答えは１・２・３・４の中から最も適当なものを１つ選びなさい。

2019年5月15日

国際空調株式会社
営業部長 浜口功（はまぐちいさお）様

株式会社ホテルパンクラス
総務部長 舟木正一（ふなきしょういち）

「天井エアコンMM36」見積書送付のお願い

拝啓　初夏の候、貴社ますますご繁栄のこととお喜び申し上げます。

さて、早速ですが、弊社はこの度、ペンション型別館を新築することとなり、貴社の「天井エアコン MM36」の購入を検討しております。つきましては、下記の条件による見積書をいただきたくご連絡申し上げます。(取り付け費用につきましては別途お見積りをお願いします)

ご多忙のところ恐縮ですが、今月末までに送付いただければ幸いに存じます。

ご高配のほどよろしくお願い申し上げます。

敬具

記

1. 製品名　　天井エアコンMM36
2. 数量　　８台
3. 納期　　2020年２～３月頃(詳細未定)
4. 支払い条件　　納品翌月末銀行振り込み
5. 納品場所　　ホテルパンクラス敷地内別館
6. 納品方法　　貴社ご指定
7. 配送費用　　貴社ご負担
8. 取付方法　　貴社ご指定または当社指定業者による

---

(57)　この文書を受け取ったあと、何をしますか。

1　天井エアコン８台を設置する。
2　天井エアコン取り付け方法を説明する。
3　見積書２通を今月末までに送る。
4　製品の値段交渉を行う。

(58)　文書の内容と合っているのはどれですか。

1　設置費用は製品代金に含まれる。
2　運送費用は発注者が負担する。
3　製品の納期は５月末である。
4　代金は製品の設置後に支払う。

問題　9

次の文章を読んで問題に答えなさい。
答えは１・２・３・４の中から最も適当なものを１つ選びなさい。

契約書点検にもAI

IT(情報技術)を活用して、法務の効率化を目指す「リーガルテック」サービスの裾野が広がっている。企業法務の分野ではインターネット上で契約を締結する「電子契約」が先行してきたが、人工知能(AI)で契約書の中身をチェックして評価する新サービスも登場し、大手企業も関心を寄せている。

2018年11月30日、東京・渋谷で異色の対決イベントが開かれた。弁護士とAIが契約書をチェックし、問題点の発見を競う内容だ。契約書作成の経験が豊富な弁護士と、リーガルフォース(東京・中央)が開発した契約書レビュー機能を持つAIが対戦した。

イベント用に作った秘密保持契約書をAIに読み込ませたところ、問題点をずらりと提示した。例えば契約を有利にするには必要なのに抜けている文言として、「第三者に損害を与えたときには受領者が損害賠償の責任を負う」を挙げた。

審査員役を務めた弁護士は、優先して対応すべき条項を適切に判断したとして人間側に軍配を上げたが、観客の弁護士の一人は「書かれていない内容を見つけるのは我々にも難しい作業」とAIの実力に舌を巻いた。

リーガルフォースの角田望代表取締役は「抜けや漏れの提示の精度向上など、AIの性能を幅広く高めていく」と意気込む。花王やサントリーなど70社超の法務部門が試験的に導入している。19年春に本格稼働する。

（「日本経済新聞」2019年1月14日付より一部改）

---

(59)　審査員が勝敗を決めた理由として挙げているのは何ですか。

1　未記入の事項を発見したこと
2　問題箇所を大量に示したこと
3　プライオリティの判断が優れていたこと
4　不利な文言を的確に指摘したこと

(60)　文章の内容と合っているのはどれですか。

1　人間とAIが契約書作成スピードを競い合った。
2　観戦した弁護士は今回の作業はAIにはまだ難しいと述べた。
3　サントリーなど大手企業が来春導入する予定だ。
4　イベントでの対戦は人間側が勝利した。

3　漢字問題

A　次のひらがなの漢字をそれぞれ１・２・３・４の中から１つ選びなさい。

(61)　私のおっとは、銀行に勤(つと)めています。
1　弟　　2　妹　　3　妻　　4　夫

(62)　鈴木(すずき)さんは最近お母さんをなくして、とても悲しそうです。
1　忙くして　　2　亡くして　　3　病くして　　4　欠くして

(63)　テレビで見た職人(しょくにん)のわざがすばらしかった。
1　腕　　2　技　　3　巧　　4　術

(64)　予算をちょうかした。
1　調化　　2　超過　　3　張加　　4　釣果

(65)　彼はたんじゅんな性格だ。
1　探春　　2　従順　　3　単純　　4　清純

(66)　これは私の大切なたからものです。
1　玉　　2　頂　　3　宝　　4　景

(67)　嵐(あらし)で船がしずんだ。
1　沈んだ　　2　泌んだ　　3　没んだ　　4　泡んだ

(68)　トイレットペーパーがなくなったので、ほじゅうしてください。
1　補習　　2　捕足　　3　補助　　4　補充

(69)　ぼきんがたくさん集まりました。
1　母金　　2　募金　　3　墓金　　4　簿金

(70)　映画かんとくになりたい。
1　鑑賞　　2　監督　　3　俳優　　4　役得

(71)　イノシシが畑を<u>あらす</u>ので、周りに柵（さく）を立てた。

1　汚す　　2　荒らす　　3　壊す　　4　破らす

(72)　スランプに<u>おちいる</u>。

1　陥る　　2　被る　　3　威る　　4　嵌る

(73)　私の指導係の先輩（せんぱい）はお<u>せっかい</u>焼きだ。

1　節句　　2　説教　　3　厄介　　4　節介

(74)　ここは「<u>つる</u>の恩（おん）返し」の民話が伝わる里として知られている。

1　鯉　　2　龍　　3　鶴　　4　亀

(75)　<u>ならく</u>の底に落ちる。

1　難絡　　2　奈落　　3　奈良苦　　4　難楽

B　次の漢字の読み方を例のようにひらがなで書いてください。

・ひらがなは、きれいに書いてください。
・漢字の読み方だけ書いてください。

（例）　はやく書いてください。　　〔（例）｜か〕

(76)　窓(まど)から光がさしている。

(77)　今朝見たニュースの話をする。

(78)　彼が本を盗(ぬす)んだのではないかと疑っている。

(79)　自分の間違いを認める。

(80)　正直に話してください。

(81)　支持している政党は特にない。

(82)　噂(うわさ)が本当だと仮定しても、彼が立派(りっぱ)な人物であることに変わりはない。

(83)　暑さで内臓が弱っているのか、食欲がない。

(84)　時間があったので遠回りして帰った。

(85)　家賃(やちん)を滞納して、アパートを追い出された。

(86)　入場無料。但し、ペットはお断り。

(87)　二人の言い争いは、子供同士の喧嘩のようだ。

(88)　プロジェクトの進捗はいかがですか。

(89)　コンプライアンスを遵守する。

(90)　森林伐採は深刻な問題となっている。

4　記述問題

A　例のように＿＿＿＿に適当な言葉を入れて文を作ってください。

・漢字は、今の日本の漢字を書いてください。

（例）　きのう、＿＿＿＿＿でパンを＿＿＿＿＿。
（A）　（B）

（例）	（A）　スーパー	（B）　買いました

（91）　A：今晩（こんばん）、カラオケに行きますか。

B：いいえ。明日テストが＿＿＿＿＿から、＿＿＿＿＿つもりです。
（A）　（B）

（92）　故障（こしょう）した自転車（じてんしゃ）を＿＿＿＿＿のに１時間＿＿＿＿＿ました。
（A）　（B）

（93）　A：今日テレビでやる＿＿＿＿＿の試合、見る？
（A）

B：もちろん＿＿＿＿＿に決まっているでしょう。
（B）

（94）　ここに、はんこを＿＿＿＿＿か、サインを＿＿＿＿＿てください。
（A）　（B）

（95）　ピンクの絵の具が＿＿＿＿＿なら、赤と＿＿＿＿＿を混（ま）ぜればいい。
（A）　（B）

B　例のように３つの言葉を全部使って、会話や文章に合う文を作ってください。

・【　　】の中の文だけ書いてください。
・１.→２.→３.の順に言葉を使ってください。
・言葉の＿＿の部分は、形を変えてもいいです。
・文は、１つか２つです。３つ以上は、だめです。
・漢字は、今の日本の漢字を書いてください。

(例)
きのう、【　1．どこ　→　2．パン　→　3．買う　】か。

(例)	どこでパンを買いました

(96)
A：【　1．ここに　→　2．荷物(にもつ)　→　3．置(お)く　】いいですか。

B：どうぞ。

(97)
私は【　1．アルバイト　→　2．する　→　3．ながら　】、弁護士(べんごし)を目指(めざ)して勉強しています。

(98)
A：次の発表はあなたですね。

B：ええ。【　1．緊張(きんちょう)　→　2．胸(むね)　→　3．どきどき　】います。

(99)

A：あれ？　お茶を飲んでいるんですか。お酒は苦手ですか。

B：お酒は好きですよ。

でも今日は【　1．　車　→　2．　お酒(さけ)　→　3．　飲む　】わけには
いかないんですよ。

(100)

会議が【　1．　２時間も　→　2．　延(の)びる　→　3．　せい　】、ランチを
食べる時間がなくなった。

J.TEST

実用日本語検定

聴 解 試 験

1	写真問題	問題	１ ～１０
2	聴読解問題	問題	１１～２０
3	応答問題	問題	２１～４０
4	会話・説明問題	問題	４１～５５

1　写真問題 （問題1～10）

例題

例題1
例題2

例題1→	れい1	● ② ③ ④	（答えは解答用紙にマークしてください）
例題2→	れい2	① ② ● ④	（答えは解答用紙にマークしてください）

A　問題1
問題2

B

問題3
問題4

C

問題5
問題6

D 問題7
問題8

E 問題9

問題10

2 聴読解問題 （問題11～20）

例題

例題1
例題2

①　　②株式会社ＧＫ出版

営業部
部長 吉 田　一 郎
YOSHIDA　Ichiro

③ 〒130-0021 東京都墨田区緑×－×－×
TEL:03-3633-xxxx　E-mail:yoshida@XX.jp ④

例題1→	れい1	① ● ③ ④	（答えは解答用紙にマークしてください）
例題2→	れい2	① ② ● ④	（答えは解答用紙にマークしてください）

G　問題11
問題12

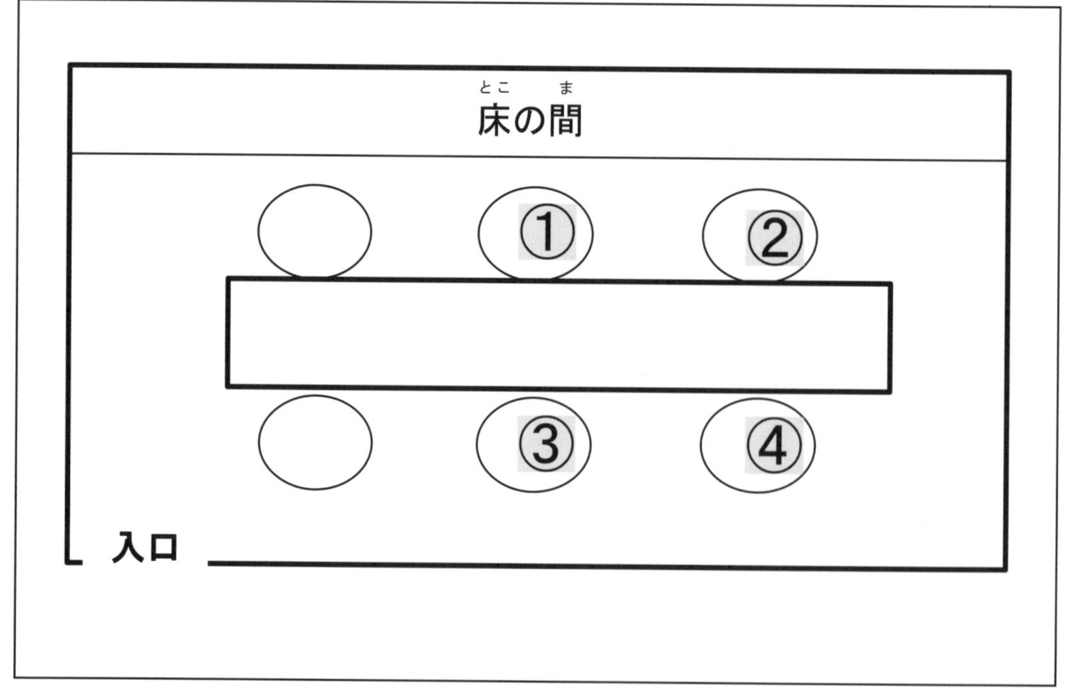

H 問題13
問題14

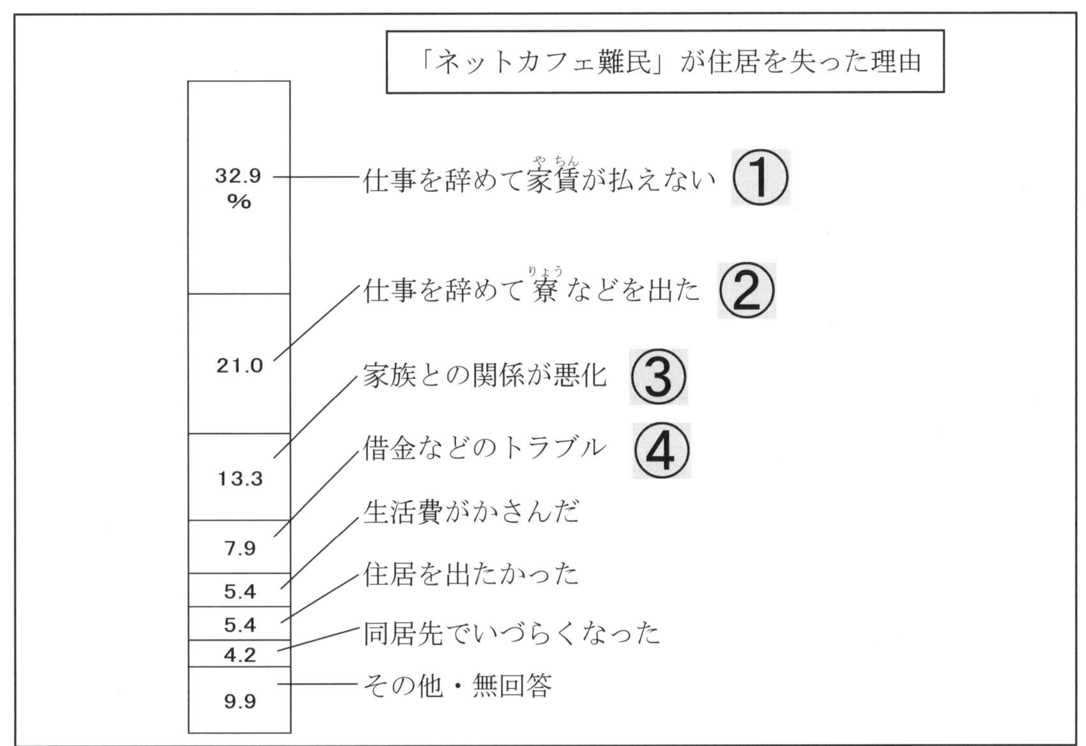
「ネットカフェ難民」が住居を失った理由
32.9 %
仕事を辞めて家賃が払えない ①
21.0
仕事を辞めて寮などを出た ②
13.3
家族との関係が悪化 ③
7.9
借金などのトラブル ④
5.4
生活費がかさんだ
5.4
住居を出たかった
4.2
同居先でいづらくなった
9.9
その他・無回答

I 問題15
問題16

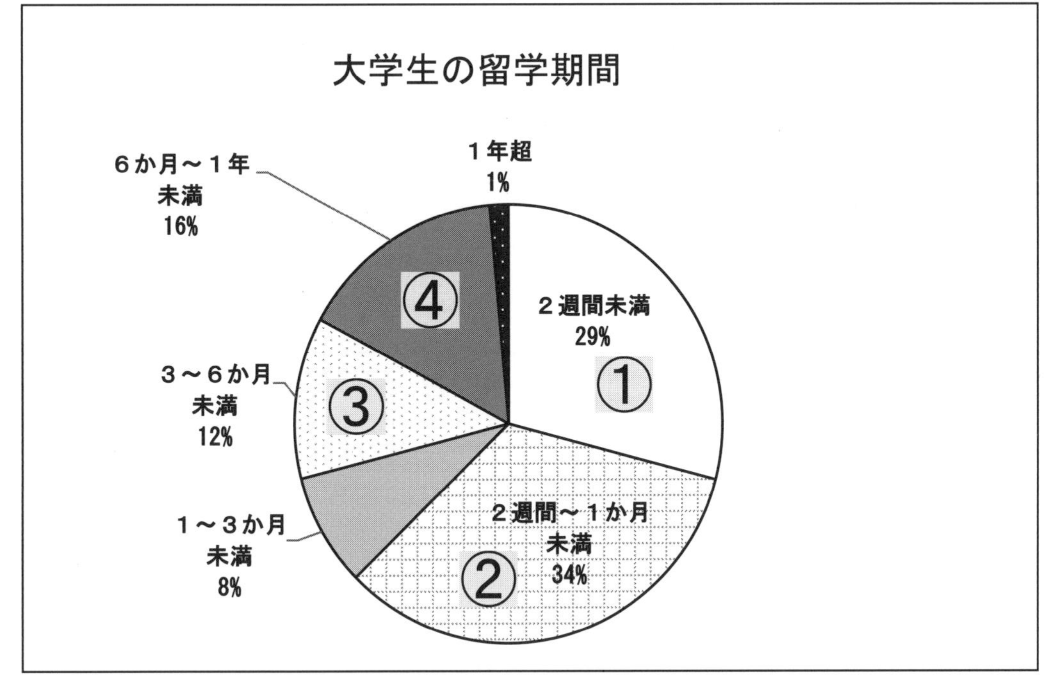
大学生の留学期間
1年超
1%
2週間未満
29%
①
2週間～1か月
未満
34%
②
1～3か月
未満
8%
3～6か月
未満
12%
③
6か月～1年
未満
16%
④

J　問題17
問題18

ストレス解消のヒント

①	S	**スポーツ** ラジオ体操やウォーキングなど、1日15分でも体を動かす
	T	**トラベル** 旅行、自然と触れ合う
②	R	**レスト、レクリエーション** 休息、家族とのだんらん、腹式呼吸
	E	**イーティング** 家族や仲間と食卓を囲む
③	S	**スピーキング、シンギング** 話す、カラオケで歌う
④	S	**スリーピング、スマイル** 快眠、笑顔

K　問題19

① 視覚・聴覚・触覚
② 視覚・聴覚・味覚
③ 視覚・触覚・嗅(きゅう)覚
④ 視覚・聴覚・嗅覚

問題20

① 聴覚タイプ
② 視覚タイプ
③ 触覚タイプ
④ 嗅(きゅう)覚タイプ

3　応答問題（問題21～40）

（問題だけ聞いて答えてください。）

例題1	→	れい1	●	②	③	（答えは解答用紙にマークしてください）
例題2	→	れい2	①	●	③	（答えは解答用紙にマークしてください）

問題21
問題22
問題23
問題24
問題25
問題26
問題27
問題28
問題29
問題30
問題31
問題32
問題33
問題34
問題35
問題36
問題37
問題38
問題39
問題40

メモ（MEMO）

4　会話・説明問題（問題41～55）

例題	1　資料のコピー 2　資料のチェック 3　資料の作成
れい　①　●　③	（答えは解答用紙にマークしてください）

1

問題41　1　２時
2　３時
3　４時

問題42　1　二人で作業をする。
2　他の人に作業をお願いして他の仕事をする。
3　女性の仕事を手伝う。

2

問題43　1　伊藤さんの真似をするのが上手だった。
2　先生の手本を写して練習していた。
3　なかなか書道が上達しなかった。

問題44　1　練習方法に関して先生に叱られたことがある。
2　きっちりとした美しい字を書いている。
3　個性を大切にしてくれた先生が印象に残っている。

3

問題45　1　税金を安くする。
　　　　2　移転の費用を出す。
　　　　3　人材を紹介する。

問題46　1　労働効率を改善(かいぜん)するため
　　　　2　地方を活性化するため
　　　　3　都市部の人口集中を解消するため

4

問題47　1　賛成
　　　　2　反対
　　　　3　どちらとも言えない

問題48　1　健康(けんこう)を害する恐れがあるから
　　　　2　コンピューターシステムの更新に手間や費用が掛かるから
　　　　3　夜遅くまで起きていたいから

問題49　1　女性はサマータイム制度を知っていた。
　　　　2　女性は朝スポーツを楽しみたいと思っている。
　　　　3　男性はサマータイムがある国に住んでいた。

5

問題50　1　薬がテーマの講習会
　　　　2　薬剤(やくざい)師対象の研修(けんしゅう)会
　　　　3　薬剤師の募集

問題51　1　薬剤師のみ参加できる。
　　　　2　都内に住んでいない人は参加できない。
　　　　3　18歳未満は参加できない。

問題52　1　参加費はかからない。
　　　　2　10月18日までに申し込む。
　　　　3　参加者は先着順で決まる。

6

問題53　1　平均年収が200万円以下だ。
2　賃金が男性の６割だ。
3　半数以上が非正規雇用だ。

問題54　1　自治体の就労支援が少ないこと
2　子育て中の女性の賃金が安いこと
3　家事育児と仕事の両立が難しいこと

問題55　1　シングルマザーへの就労支援についての周知
2　育児と仕事の両立についての相談窓口の増設
3　シングルマザーの就労支援の強化

終わり

第3回　　（A－C）

実用日本語検定

TEST OF PRACTICAL JAPANESE

J.TEST

受験番号		氏　名	

注　意

試験が始まるまで、この問題用紙を開けないでください。

日本語検定協会／J.TEST事務局

J.TEST

実用日本語検定

読 解 試 験

1　文法・語彙問題　問題　(1) ～ (40)

2　読解問題　問題　(41) ～ (60)

3　漢字問題　問題　(61) ～ (90)

4　記述問題　問題　(91) ～ (100)

1　文法・語彙問題

A　次の文の（　　　）に１・２・３・４の中から最も適当な言葉を入れなさい。

（1）　私にはこの料理の（　　　）がわかりません。
　1　おいしい　　2　おいしくて　　3　おいしさ　　4　おいしそう

（2）　チーム全員の努力が（　　　）こその実験の成功だ。
　1　あって　　2　ある　　3　あったら　　4　あろう

（3）　彼は期限までに書類を書き上げた（　　　）がない。
　1　しるし　　2　はなし　　3　おわり　　4　ためし

（4）　これは非常にやり（　　　）のある仕事だ。
　1　がい　　2　ごろ　　3　おかげ　　4　ざま

（5）　またお酒を飲み過ぎてしまった。もう今週はぜったいに飲む（　　　）。
　1　まい　　2　はずだ　　3　ものだ　　4　ぞ

（6）　電車で居眠りしてしまい、あやうく寝過ごす（　　　）だった。
　1　ころ　　2　もの　　3　とき　　4　ところ

（7）　悪天候のため、本日は午後２時を（　　　）閉店いたします。
　1　問わず　　2　もって　　3　こめて　　4　あいまって

（8）　この忙しい時期、時間は一秒（　　　）無駄にできない。
　1　たりとも　　2　からして　　3　こそあれ　　4　にしたら

（9）　ご挨拶（　　　）新しいカタログをお届けに伺います。
　1　まえに　　2　むきに　　3　がてら　　4　にともない

（10）　新入社員のみなさんのご活躍をねがって（　　　）。
　1　やれません　　2　やりません　　3　やみません　　4　やめません

（11）　会社のホームページを見る（　　　）なしに見ていたら、誤字を見つけた。
　1　さえ　　2　だけで　　3　しか　　4　とも

（12）　被害はこの地域（　　　）周辺地域にも及ぶ。
　1　でなしに　　2　にして　　3　にひかえて　　4　のみならず

(13)　社長は責任を（　　　）べく辞任した。

1　とる　　2　とろう　　3　とった　　4　とり

(14)　そのメールの文面だと、受け取りように（　　　）は誤解を招く恐れがある。

1　とって　　2　よって　　3　して　　4　やって

(15)　課長は昼食（　　　）そこそこに、取引先に向かった。

1　も　　2　が　　3　で　　4　と

(16)　A：「昨日(きのう)の映画、おもしろかった？」
B：「つまらなかったよ。（　　　）見に行かなくてもいいと思う」

1　お金を払(はら)ってまで　　2　全部(ぜんぶ)見きれないから
3　おもしろいと思われがちだから　　4　映画が終わらないうちに

(17)　A：「営業報告(えいぎょうほうこく)も書かなければならないし、会議(かいぎ)の資料(しりょう)も作っていないし、メールの返信(へんしん)もたまっているし…」
B：「やらなければならないことを（　　　）。一つずつやっていきましょう」

1　抜(ぬ)きにしては始まらないよ　　2　めぐる問題は解決(かいけつ)できないよ
3　やってもどうしようもないよ　　4　挙(あ)げたらきりがないよ

(18)　上司(じょうし)：「計画書を見ましたが、ちょっと内容に無理がありますね。もっと（　　　）計画をたてるべきだと思います」
部下：「はい。作り直します」

1　予算にそくした　　2　涙ながらに訴(うった)える
3　理想と現実を兼(か)ねた　　4　記録(きろく)ずくめの

(19)　田中(たなか)：「あの中村(なかむら)さんが注文数を間違えたんですか。信じられません」
鈴木(すずき)：「そうですね。（　　　）ミスですね」

1　注文するはめになる　　2　中村さんらしからぬ
3　中村さんならではの　　4　注文せずともいい

(20)　A：「この作業、無意味だと思うんですよね」
B：「同感です。しかし（　　　）、やらないわけにはいきませんよ」

1　作業はなかったものとして　　2　働きっぷりがいいので
3　社長の命令とあれば　　4　作業をなおざりにしたら

B　次の文の（　　　）に１・２・３・４の中から最も適当な言葉を入れなさい。

(21)　待ち合わせまで時間があるので近くを（　　　）して過ごした。
1　ばらばら　　2　ぶらぶら　　3　こつこつ　　4　ぺらぺら

(22)　どれだけ体調が悪くても仕事を休めないのが（　　　）。
1　くどい　　2　おさない　　3　つらい　　4　のろい

(23)　実際に注文する前に、この商品の（　　　）が見たい。
1　スリム　　2　サンプル　　3　ダイヤ　　4　マッサージ

(24)　火事で焼けた城を建て直すための（　　　）が日本中から集まった。
1　為替　　2　手当　　3　預金　　4　寄付

(25)　中古でカメラを買ったが、故障して修理代がかかり（　　　）高くついた。
1　同じく　　2　かえって　　3　もっとも　　4　まして

(26)　A社の発展の勢いは（　　　）ところを知らない。
1　とどまる　　2　とだえる　　3　おさえる　　4　やめる

(27)　大手の参加で新技術の普及に（　　　）がつく。
1　膨らみ　　2　伸び　　3　弾み　　4　張り

(28)　賃金が上がっても消費者の財布の（　　　）はかたい。
1　糸　　2　紙　　3　ひも　　4　羽

(29)　社長の妻が現場に（　　　）を出しすぎて、混乱が生じている。
1　首　　2　足　　3　目　　4　口

(30)　このプロジェクトの予算は（　　　）だ。
1　赤頭巾　　2　青天井　　3　大黒柱　　4　白装束

C　次の文の＿＿＿の意味に最も近いものを１・２・３・４の中から選びなさい。

(31)　明日、ミーティングをすることになっている。
1　かもしれない　　2　予定(よてい)だ
3　ことを知らせる　　4　しかない

(32)　この部屋はさわがしくて、勉強できない。
1　暗(くら)くて　　2　うるさくて　　3　寒(さむ)くて　　4　臭(くさ)くて

(33)　仕事がたまっていて飲み会どころではない。
1　に行っている場合(ばあい)ではない　　2　の場所(ばしょ)を決(き)められない
3　に行けなくなりそうだ　　4　のことを忘れていた

(34)　涙(なみだ)を流(なが)したら、いくぶん心が軽(かる)くなった。
1　急に　　2　少し　　3　たいてい　　4　とても

(35)　彼の喜ぶ顔は想像にかたくない。
1　想像することができない　　2　想像通りだ
3　想像する必要がない　　4　簡単に想像できる

(36)　この商品のセールスポイントを動画にまとめた。
1　問題点　　2　値段の推移(すいい)　　3　魅力(みりょく)　　4　購買層(こうばいそう)

(37)　我が社の社員の平均有給休暇取得日数は年間10日といったところだ。
1　10日以上だ　　2　10日以下だ
3　10日に満たない　　4　10日ぐらいだ

(38)　デパートの催事情報はダイレクトメールでお知らせします。
1　イベント　　2　セール　　3　バーゲン　　4　アルバイト

(39)　プロジェクトリーダーをおおせつかった。
1　迎えに行った　　2　うまく使った　　3　採用した　　4　頼まれた

(40)　木の幹がつるつるしている。
1　滑らかだ　　2　ねじれている　　3　でこぼこだ　　4　柔らかい

2　読解問題

問題　1

次のメールを読んで問題に答えなさい。

答えは１・２・３・４の中から最も適当なものを１つ選びなさい。

2019/09/17　16:10

件名：　打ち合わせ日程について

関係者各位

お疲れ様です。営業部沢田です。
12月実施予定の「2019冬キャンペーン」について、
第２回打ち合わせを来週中（24日～27日）に行いたいと思います。
つきましては、皆さまのご都合が悪い日時をお知らせください。
時間は約２時間を予定しています。
お忙しいところ恐れ入りますが、19日（木）の午前中までに
沢田までご返信をお願いいたします。
なお、決定した日時は20日（金）午前中までに連絡いたします。
よろしくお願いいたします。

---

(41)　メールをもらった人は沢田さんに何を連絡しますか。

1　打ち合わせに参加できるかどうか
2　どの回の打ち合わせに参加したいか
3　来週の都合の悪い曜日と時間
4　来週の仕事の予定

(42)　次の打ち合わせはいつ行いますか。

1　９月19日の午前中
2　９月20日の午前中
3　９月24日から９月27日の間
4　今年の12月

問題　２

次のメールを読んで問題に答えなさい。
答えは１・２・３・４の中から最も適当なものを１つ選びなさい。

2019/09/27　13:22

件名：UWF型タイルについて

小松建設株式会社
資材課　佐山　様

いつもお世話になっております。
新日本陶器、商品部の前田です。

先日、納品の際にお話しさせていただいた外壁タイルの新商品カタログがそろいましたので本日発送いたしました。
ご高覧、ご検討のほどよろしくお願いいたします。
また、近いうちに商品をお持ちして質感などご確認いただきたいと思っておりますので、その際に（　A　）新商品のご説明をさせていただきます。

---

(43)　（　A　）に入る言葉はどれですか。

1　前もって
2　いよいよ
3　そっと
4　あらためて

(44)　メールの内容と合っているのはどれですか。

1　前田さんは外壁タイルを送った。
2　前田さんは新商品の見本を送った。
3　前田さんは佐山さんと取り引きしたことがある。
4　佐山さんは新商品を注文した。

問題　3

次の文書を読んで問題に答えなさい。
答えは1・2・3・4の中から最も適当なものを1つ選びなさい。

2019年7月11日

株式会社ノヂサン興業
開発事業部　渡辺悠人様

株式会社NBコンベンション
総務部　柳内和敏

発電機返却のお願い

拝啓　貴社ますますご清祥のこととお慶び申し上げます。平素はひとかたならぬご愛顧を賜り、ありがとうございます。

さて、去る6月3日に当社より貸し出しいたしました発電機の件ですが、ご契約の貸し出し期間（1か月間）がすでに過ぎております。

催促申し上げるのは誠に心苦しいのですが、ご返却いただきますようお願いいたします。なお、ご事情がおありでしたら柳内までご相談ください。

万が一、本状と行き違いですでにご返送いただいております場合は、あしからずお許しください。

取り急ぎご返却のお願いまで。

敬具

---

(45)　渡辺さんについて、文書の内容と合っているものはどれですか。

1　６月３日に発電機を返したが、まだ返していないものがある。

2　７月３日までに発電機を返さなければならなかった。

3　返却期限が７月11日の発電機をまだ返していない。

4　発電機を返却したのに催促の連絡がきた。

(46)　柳内さんについて、文書の内容と合っているものはどれですか。

1　発電機を貸す時に返却期限を伝え忘れた。

2　発電機の返却期限が近づいてきたので、相手に知らせておいた。

3　貸した発電機をまだ返してもらっていない。

4　返却してもらったのに、催促してしまったことを謝罪している。

問題　4

次の文章を読んで問題に答えなさい。
答えは１・２・３・４の中から最も適当なものを１つ選びなさい。

自分で考える力を奪われること

(＊1)スマホに依存していると、「(＊2)LINEが来る、それに返事をする」といった、(＊3)スパンの短いやりとりが多くなります。刺激が来たらそれにどう反応するかといった非常に短い時間のやりとりが中心になるため、結果としていつの間にか思考のスパンが短くなります。そして、じっくりと自分で考えるということができなくなってしまいます。

LINEでこういう情報が入ってきた、それにどう反応するかということに絶えず追われていて、自分のペースで考えるということができにくくなってしまいます。自分で考えるよりはネットサーフィンをして、いろいろな情報にふれるということをしていると、ああ、ここでこんなことを言っているから、「こうかな」「ああかな」というスタイルになってしまう。

（　A　）、さまざまな情報にふれるということは、とても重要なことではあります。けれどもふれる情報の量以上に重要なことは、ふれた情報を自分でどう処理し、自分の生活にどう役に立てるかということなのです。

ところが、スマホが中心になると、「情報にふれる」ということ自体が中心になってしまって、ふれた情報を使ってどう自分で考えていくかということに、気づかないうちにあまり重要性が置かれなくなります。その結果、自分で考える力が低下してしまうわけです。失われてしまうのです。

（＊１）スマホ…スマートフォン
（＊２）LINE…スマートフォンやパソコンで無料通話やメールができるサービス
（＊３）スパン…時間の幅

（諸富祥彦『スマホに負けない子育てのススメ』主婦の友社より一部改）

---

(47)　(　A　) に入る言葉はどれですか。

1　すなわち
2　もちろん
3　あるいは
4　それとも

(48)　本文の内容と合っているものはどれですか。

1　スマホに依存していると自分で考える力が低下していく。
2　スマホによってさまざまな情報にふれるのは危険である。
3　LINEなどの返事もじっくり考えれば、思考力は低下しない。
4　スマホに依存していても、一度身につけた自分で考える力は失われない。

問題　5

次の文書を読んで問題に答えなさい。
答えは１・２・３・４の中から最も適当なものを１つ選びなさい。

社内親睦花火大会について

社員の皆さま

総務部　金子

毎年恒例の花火大会を下記の通り行います。例年より遅くなりましたが、今年は相次ぐ台風の影響でこの時期となりましたこと、ご理解願います。
楽しいひと時にしたいと思います。ぜひふるってご参加ください！

記

開催日	10 月 19 日（土）　※雨天中止
集　合	さかまち川南公園　18 時
参加費	3,000 円（同伴されるご家族は無料）

参加される方は、10 月 11 日までに、総務部金子まで参加費をお支払いください。ご家族も自由に参加できますが、人数は申し込み時にお知らせください。
なお、この時期は天候の影響を受けやすいため、来年以降開催時期や内容を変更してはどうかという声（例えばボーリング大会など屋内で開催できるものがいいのでは、という案等）も寄せられております。その点について検討したいと思いますので、ご意見ご提案のある方はお気軽にお知らせください。

以上

---

(49)　花火大会に参加したい人はどうしますか。
1　直接、集合場所へ行く。
2　金子さんに３千円を払って申し込む。
3　花火大会についての意見を提出する。
4　メールで参加者と人数を金子さんに知らせる。

(50)　文書の内容と合っているのはどれですか。
1　開催時期が遅くなったのは、時期を変えたいという意見があったからだ。
2　来年も、花火大会を例年通りに行う予定だ。
3　今後、花火大会の内容や時期が変わるかもしれない。
4　家族の参加は自由なので、申告せずに連れて行ってもいい。

問題　6

次の文章を読んで問題に答えなさい。
答えは１・２・３・４の中から最も適当なものを１つ選びなさい。

ディズニーシー拡張に透ける「最強パーク」ゆえの焦燥

　東京ディズニーリゾート（以下、TDR）を運営するオリエンタルランドは６月、(*)シーの拡張計画を発表した。隣接する平面駐車場を立体化して敷地を確保し、シーを２割広げるというものだ。そこに四つのアトラクションで構成する新エリアと、高級ホテルを新設する。完成時期はいずれも2022年度。総投資額2500億円に及ぶ大規模な計画である。

　新エリアには、日本では14年に公開されて大ヒットした『アナと雪の女王』をはじめ、『塔の上のラプンツェル』、『ピーター・パン』という三つのディズニー映画を題材にしたアトラクションを新設する。開発責任者である高村耕太郎経営戦略部長は、「海、水のイメージと親和性が高いオリジナルアトラクションの導入で、シーの魅力がさらに高まる」と語る。

　新設するホテルはTDRで最上級の客室を備え、海外の富裕層などのニーズに対応する。シーにはすでにホテルミラコスタがあるが、高い稼働率が続いており、予約が取れない日も少なくなかった。

　シーの拡張を発表する会見で加賀見俊夫会長兼CEO（最高経営責任者）は、「舞浜地区を、すべてのゲスト（客）が楽しめる世界のどこにもないテーマパークに進化させる」と宣言。オリエンタルランドとして、01年のシー開業時3350億円に次ぐ巨額投資に踏み切る。

（＊）シー：東京ディズニーシー

（「週刊東洋経済」2018年８月25日号より一部改）

---

(51)　下線部「高級ホテル」について、文章の内容と合っているのはどれですか。
　1　アトラクションの新エリアと同時期に完成予定である。
　2　すでに海外富裕層からの予約でいっぱいである。
　3　三つの映画をイメージした内装となる。
　4　東京ディズニーシーに初めて建てられるホテルである。

(52)　文章の内容と合っているのはどれですか。
　1　ディズニーシー拡張計画への投資は、オリエンタルランドにとり、これまでで最大規模のものになる。
　2　これから公開される映画を題材にした新アトラクションが四つ導入される。
　3　3350億円を投資してディズニーシーの敷地を２割広げる計画である。
　4　オリエンタルランドは、ディズニーシー拡張計画により、世界に二つとないテーマパークとして進化させると表明した。

問題　7

次の文章を読んで問題に答えなさい。
答えは１・２・３・４の中から最も適当なものを１つ選びなさい。

「人」ではなく「意見」を大切にする

元日本マクドナルド・マーケティング本部長／上席執行役員　足立光

例えば何かの意見を求めるときにも、ポジションが下の、経験の浅いメンバーから発言するという決まりでした。世の中には、上のポジションの人が真っ先に発言をしたり、そもそも下のポジションの人は会議で発言しない、という会社もありますが、まったくの逆でした。

上のポジションのメンバーが先に発言したりすると、下のポジションのメンバーは、特に見解が違っている場合には、自分の意見を言いにくくなるので、あえてそれをやらないのです。下のポジションのメンバーから意見を聞いていくのです。

私がこれが極めて合理的だと思ったのは、実は一番消費者に（　A　）のは、一番ポジションが下のメンバーだからです。会社や商品にどっぷり染まっておらず、一番消費者データを分析していて、冷静に客観的に商品や会社、事業を見ることができるのです。逆に一番消費者から（　B　）のが、一番上のポジションにいる人です。一番消費者から離れている人の発言が最も大きくなったり、なんでも通ってしまったりするような会社は、危険だと思います。

例えば、ＴＶＣＭを広告代理店から提案された時、その提案に対する意見は、一番下のポジションのメンバーから聞いていきます。上からではなく下から、全員の意見を聞きます。賛成か、反対か、その理由をシンプルに語ってもらいます。

言葉を換えると、「人」ではなく「意見」を大切にするということです。ポジションや権力にひもづいた「人」ではなく、「意見」そのものを重視するのです。これをやらないと、消費者からはどんどん離れてしまい、ビジネスのために正しい意見が採用されなくなる危険があります。

そもそも下の人ほど、たくさん現場を分析しているものです。本当は正しい意見を持っているはずなのです。だから、フェアに聞かないといけません。そうは言っても、ポジションや権力には力がありますし、下のポジションのメンバーが、上のメンバーと違う意見を言うのが怖いのは当然です。だから、「意見は平等だ」「下から意見を聞こう」と、上のポジションのメンバーがリードする必要があるのです。

（ダイヤモンドオンライン 2018 年 12 月 18 日付 http://diamond.jp/articles/-/187232
より一部改）

---

(53)　下線部「下のポジションの人」について、文章の内容と合っているのはどれですか。

1　上のポジションの人とは見解が異なることが多い。
2　商品をよく分析しており、主観的に判断できる。
3　会社の伝統に染まっておらず、新しい発想ができる。
4　客観的な視点を持ち、よく消費者データを分析している。

(54)　（　A　）と（　B　）に入る言葉の組み合わせはどれですか。

1　A：近い　　B：遠い
2　A：接する　　B：意見が届く
3　A：優しい　　B：厳しい
4　A：好かれている　　B：嫌われている

(55)　文章の内容と合っているのはどれですか。

1　上のポジションの人が先に発言をすると、下のポジションの人も意見を言いやすい。
2　上のポジションの人は意見を言わないほうが会議がスムーズに進む。
3　上のポジションの人の意見が正しいことが多いが、下のポジションの人の意見も聞くべきだ。
4　上のポジションの人の発言権が大きい会社はよくない。

問題　8

次の文章を読んで問題に答えなさい。
答えは１・２・３・４の中から最も適当なものを１つ選びなさい。

「３ない」を導入した店舗サービス

りそなホールディングスは、2000 年台初頭にかけて、立て続けに起きた金融危機により、2003 年のピーク時には、３兆円を超える公的資金の注入を受けた。

この危機の中、銀行再生のラストチャンスとして顧客の信頼回復に向け、「金融サービス業として生まれ変わることを決意し、従業員の意識改革とサービス改革を推進した。「りそなの常識は世間の非常識」を合い言葉に、銀行窓口での“３ない（お客様が、待たない・書かない・押さない）”の導入や、全店舗 17 時まで営業時間を拡大するなど銀行業界においては独自のアプローチで店舗サービスを展開している。

つまり、顧客が銀行窓口で不満を感じている「長い待ち時間」や「煩雑な手続き」をなくす「３ない（待たない・書かない・押さない）」と、銀行側の事務を効率化する「３レス（ペーパーレス・バックレス・キャッシュレス）」を並行して進めることで、顧客の待ち時間を半減。さらに事務スペースを約２分の１に圧縮して、顧客のためのスペースを２倍に拡大。また、従来は事務に携わっていた従業員の約４割が、顧客向けサービスに関るようになった。これらの改革によって、銀行の店舗は、顧客にとって「単なる事務手続きの場」から「相談の場」となり、効率化と顧客サービスの価値向上を両立するリテールサービスへと変わったのである。そのりそなホールディングスは 2015 年６月、公的資金を完済し、完全復活を遂げた。

（…中略…）

サービスは顧客と一緒につくるものです。そうしたサービスの観点で自社の事業を見つめ直してみると、今まで本当にサービスを提供することができていたのだろうか？　もしかして、顧客の事前期待をとらえずに、一方的に提供者都合を押しつけてしまっていなかっただろうか？　良かれと思ってやったことは、顧客の事前期待に合っていたのだろうか？　と、自問自答をすることになります。

りそなホールディングスが、「金融サービス業」として生まれ変わるための顧客目線のサービス改革は、こういった自問自答を通して、我々はサービスを提供することすらできていなかったかもしれないという「危機感」を高めていった点にあるといえます。「りそなの常識は世間の非常識」、ここには、自分たちは顧客の事前期待を中心に据えて考えることができていなかったのではないかという問題意識が込められているのです。

「我々はサービス業である」

りそなホールディングスのサービス改革は、ビジョンと使命感と危機感を持って、この言葉にどれだけ向き合えるかを問いているのだと思います。

（松井拓己・樋口陽平「日本の優れたサービス　選ばれ続ける６つのポイント」
生産性出版より一部改）

(56)　顧客が銀行の窓口で不満に思っていることは何だと言っていますか。

1　事務手続きができないこと

2　相談ができないこと

3　待ち時間が長いこと

4　従業員が少ないこと

(57)　りそなホールディングスはどんな改革を行ったと言っていますか。

1　手続きの効率化によって顧客の待ち時間を削減した。

2　店舗数を減らして人件費を大幅に削減した。

3　事務スペースを拡大し事務作業の効率を上げた。

4　相談サービス担当の従業員を新規採用し顧客向けサービスを充実させた。

(58)　りそなホールディングスについて、文章の内容と合っているのはどれですか。

1　銀行業界では一般的なアプローチで店舗サービスを展開してきた。

2　公的資金を完済することができていないが、熱心に取り組んでいる。

3　「りそなの常識は世間の非常識」と言われ、顧客が離れていった過去がある。

4　顧客目線のサービス改革を推進し公的資金を完済することができた。

問題　9

次の文書を読んで問題に答えなさい。
答えは１・２・３・４の中から最も適当なものを１つ選びなさい。

平成 31 年 8 月 2 日

従業員各位

総務課長　原（はら）

防災訓練の実施について

今年度の防災訓練を下記の通り実施します。
従業員各位は、緊急の用件がない限り訓練を優先するよう要請します。

記

1.　日時　　9 月 11 日（水）15 時（雨天でも行います）
2.　想定　　地震および火災の発生
3.　訓練内容　従業員の避難、消火器による初期消火
4.　注意　　※訓練に相応しい軽装で臨んでください。社屋外への避難を行います。
※当日はエレベーターが非常停止します。
※当日は火災報知器が鳴動（めいどう）します。

以上

---

(59)　この文書は何を通知していますか。
1　防災に対する意識向上のための勉強会
2　火災報知器の点検および消火器の使い方の講習
3　災害時の避難および消火活動の練習の実施
4　地震および火災の発生を想定した避難マニュアルの作成

(60)　防災訓練について、文書の内容と合っているのはどれですか。
1　天候が悪い場合、延期となる。
2　従業員は会社の外に出ることになる。
3　業務を中断してまで参加する必要はない。
4　服装は特に気にしなくてもいい。

3　漢字問題

A　次のひらがなの漢字をそれぞれ１・２・３・４の中から１つ選びなさい。

(61)　私はおよげません。
1　泳げ　2　逃げ　3　飛げ　4　投げ

(62)　弟はにわで犬と遊(あそ)んでいる。
1　森　2　奥　3　庭　4　裏

(63)　ここはきんえんです。
1　禁煙　2　菜園　3　造園　4　禁演

(64)　山田さんが遅刻(ちこく)するのはめずらしい。
1　希しい　2　滅しい　3　疑しい　4　珍しい

(65)　選手のいんたいを発表する。
1　舞台　2　交代　3　引退　4　引率

(66)　４つのはんに分かれて作業を行う。
1　隊　2　班　3　組　4　団

(67)　過去をかえりみる。
1　顧みる　2　悔みる　3　懐みる　4　越みる

(68)　諸外国からのあつりょくに屈(くっ)してはいけない。
1　威力　2　圧力　3　迫力　4　篤力

(69)　子供はすこやかに育っていた。
1　穏やか　2　密やか　3　華やか　4　健やか

(70)　とんやから商品を仕入れる。
1　戸谷　2　問屋　3　豚家　4　党屋

(71)　べんぎを図る見返りに金品を受け取る。

1　別離　　2　便秘　　3　弁償　　4　便宜

(72)　弊社(へいしゃ)の設立から現在に至(いた)るまでのえんかくを調べる。

1　遠隔　　2　沿革　　3　延画　　4　円角

(73)　国民は税金をしぼり取られ困窮している。

1　納り　　2　徴り　　3　請り　　4　搾り

(74)　責任を他人にてんかしてはいけない。

1　転載　　2　転嫁　　3　添加　　4　累加

(75)　全国つつ浦々から選び抜かれた食材を使用する。

1　通都　　2　都々　　3　津々　　4　筒

B　次の漢字の読み方を例のようにひらがなで書いてください。

・ひらがなは、<u>きれいに</u>書いてください。
・<u>漢字の読み方だけ</u>書いてください。

（例）　はやく<u>書</u>いてください。

（例）	か

(76)　部屋(へや)の<u>植物</u>に水をやる。

(77)　正確(せいかく)に<u>数</u>えてください。

(78)　今日は<u>波</u>が荒(あら)い。

(79)　食生活を<u>改善</u>する。

(80)　日曜日、<u>温泉</u>に行きませんか。

(81)　うちの部長は経理部の部長と<u>仲</u>が悪い。

(82)　注文した<u>翌日</u>に商品が届く。

(83)　新入社員の<u>歓迎</u>会を行う。

(84)　この地域は<u>繊維</u>産業が盛(さか)んだ。

(85)　<u>手帳</u>に予定を記入する。

(86)　<u>隣</u>に誰かいますか。

(87)　４年間奨学(しょうがく)金の<u>貸与</u>を受けた。

(88)　真夏の<u>炎天下</u>では早目の水分補給が必要だ。

(89)　両者ともすばらしく、<u>甲乙</u>つけがたい。

(90)　成人男女100名を無作為に<u>抽出</u>し、アンケート調査を行った。

4　記述問題

A　例のように＿＿＿＿に適当な言葉を入れて文を作ってください。

・漢字は、今の日本の漢字を書いてください。

（例）　きのう、＿＿＿＿＿でパンを＿＿＿＿＿。
（A）　（B）

（例）	（A）　スーパー	（B）　買いました

(91)　ピアノは練習（れんしゅう）＿＿＿＿＿ば＿＿＿＿＿ほど上手になります。
（A）　（B）

(92)　来週、海外からお客様（きゃくさま）が＿＿＿＿＿ので、日本料理のレストランを
（A）

＿＿＿＿＿おきます。
（B）

(93)　佐藤（さとう）：みんな笑（わら）っていたのに、井上課長（いのうえかちょう）だけ＿＿＿＿＿いませんでしたね。
（A）

鈴木（すずき）：井上課長はまじめすぎて冗談（じょうだん）が＿＿＿＿＿んですよ。
（B）

(94)　彼（かれ）は、誰（だれ）が車の＿＿＿＿＿を割（わ）ったのか知っていたが、
（A）

知らない＿＿＿＿＿をしていた。
（B）

(95)　＿＿＿＿＿気味（ぎみ）なので、今日は早く＿＿＿＿＿と思っている。
（A）　（B）

B　例のように３つの言葉を全部使って、会話や文章に合う文を作ってください。

- 【　　】の中の文だけ書いてください。
- １．→２．→３．の順に言葉を使ってください。
- 言葉の＿＿の部分は、形を変えてもいいです。
- 文は、１つか２つです。３つ以上は、だめです。
- 漢字は、今の日本の漢字を書いてください。

（例）

きのう、【　1．どこ　→　2．パン　→　3．買う　】か。

（例）	どこでパンを買いました

(96)

A：この文の【　1．英語（えいご）　→　2．日本語　→　3．翻訳（ほんやく）する　】ください。

B：わかりました。

(97)

A：レポートはもう提出（ていしゅつ）しましたか。

B：【　1．先週　→　2．今週　→　3．かけて　】忙（いそが）しかったので、まだ提出できていないんですよ。

(98)

A：買い物行ってくるね。

B：買い物の【　1．ついでに　→　2．手紙　→　3．出す　】来て。

(99)

電車で【　1．足　→　2．不自由(ふじゆう)　→　3．人　】席(せき)を譲(ゆず)りました。

(100)　(デパートで)

お客様、私(わたくし)では【　1．わかる　→　2．かねる　→　3．担当(たんとう)　】呼(よ)んでまいります。

J.TEST

実用日本語検定

聴 解 試 験

1	写真問題	問題	１ ～１０
2	聴読解問題	問題	１１～２０
3	応答問題	問題	２１～４０
4	会話・説明問題	問題	４１～５５

1　写真問題（問題1〜10）

例題

例題1
例題2

例題1→	れい1	●	②	③	④	（答えは解答用紙にマークしてください）
例題2→	れい2	①	②	●	④	（答えは解答用紙にマークしてください）

A　問題1
問題2

B

問題3
問題4

C

問題5
問題6

D　問題7
問題8

E　問題9

F　問題10

2　聴読解問題（問題11～20）

例題

例題1
例題2

①　　　　② 株式会社ＧＫ出版

営業部
部長　吉 田　一 郎
YOSHIDA　Ichiro

③　〒130-0021 東京都墨田区緑×-×-×
TEL:03-3633-xxxx　E-mail:yoshida@XX.jp　④

例題1→	れい1	①	●	③	④	（答えは解答用紙にマークしてください）
例題2→	れい2	①	②	●	④	（答えは解答用紙にマークしてください）

G　問題11
問題12

H　問題13
問題14

小学生の「将来なりたい職業」ランキング

男子		女子	
1	サッカー選手（せんしゅ）	1	看護師（かんごし） ③
2	野球（やきゅう）選手 ①	2	パティシエ
3	医師（いし）	3	医師 ④
4	ゲーム制作関連（せいさくかんれん） ②	4	保育士（ほいくし）

I　問題15

① 94万人
② 6万9千人
③ 2万2千人
④ 4千人

問題16

① 宿泊施設（しゅくはくしせつ）
② 観光（かんこう）施設
③ フェリー・遊覧船（ゆうらんせん）
④ 観光バス

J　問題17
問題18

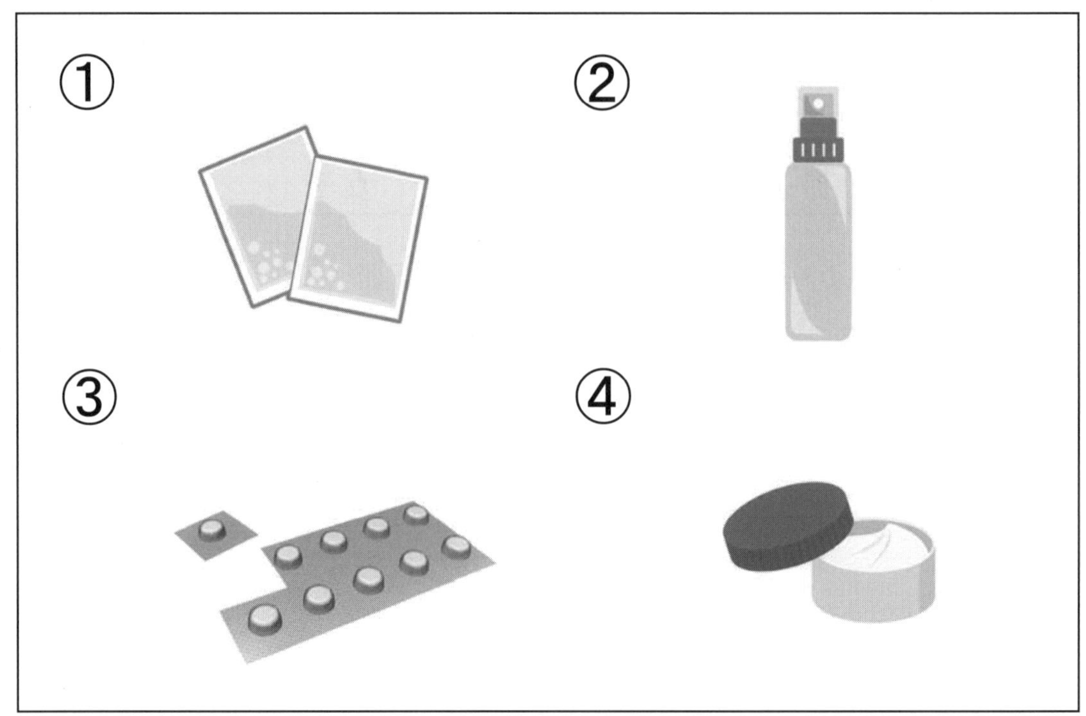

K　問題19
問題20

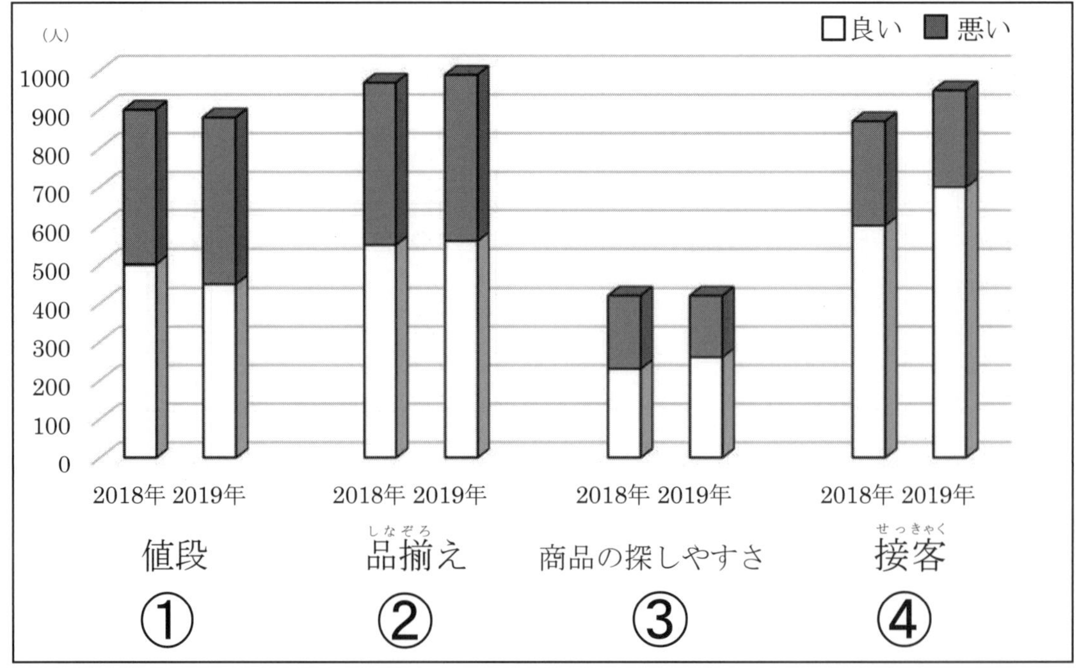

3 応答問題 （問題21～40）

（問題だけ聞いて答えてください。）

例題1	→	れい1	●	②	③	（答えは解答用紙にマークしてください）
例題2	→	れい2	①	●	③	（答えは解答用紙にマークしてください）

問題21

問題22

問題23

問題24

問題25

問題26

問題27

問題28

問題29

問題30

問題31

問題32

問題33

問題34

問題35

問題36

問題37

問題38

問題39

問題40

メモ（MEMO）

4　会話・説明問題（問題41～55）

例題

1　資料のコピー
2　資料のチェック
3　資料の作成

れい	①　●　③

（答えは解答用紙にマークしてください）

1

問題41
1　普通のホッチキス
2　大きいホッチキス
3　大きいクリップ

問題42
1　大きいクリップで資料を綴じる。
2　大きいホッチキスを直す。
3　女性に普通のホッチキスを借りる。

2

問題43
1　変わらない。
2　昔のほうが丁寧な聞き方をしていた。
3　昔の聞き方が今では失礼だとされている。

問題44
1　運転免許証と健康保険証は身分証明書として認められない。
2　身分証明書という言葉は使わないほうがいい。
3　相手に名前を聞かないほうがいい。

3

問題45
1 子供を外で遊ばせないこと
2 子供のポケットの中を確認すること
3 子供が持ち帰る石や枝を捨てること

問題46
1 子供は大人より自然を身近に感じている。
2 大人は子供より季節(きせつ)の変化を細かく感じている。
3 自然に感動する気持ちと持ち帰る行為(こうい)は別だ。

4

問題47
1 少子化の影響(えいきょう)で人手が不足するため
2 世の中が不景気なため
3 ＡＩやロボットに代替されるため

問題48
1 新しい技術を使いこなす能力を養(やしな)うため
2 日本はプログラミングの分野で世界に後(おく)れをとっているため
3 プログラマーが不足しているため

問題49
1 先生から学ぶ。
2 子供自身が主体的に学ぶ。
3 コンピューターから学ぶ。

5

問題50
1 拡大(かくだい)している。
2 縮小(しゅくしょう)している。
3 大きな変動はない。

問題51
1 20代男性
2 30代女性
3 50代女性

問題52
1 カラオケ教室
2 英会話教室
3 レンタルスタジオ

6

問題53　1　流行の服を買わない女性
2　スタイリストを雇う女性
3　服をレンタルする女性

問題54　1　初期費用を抑えられること
2　実店舗の売上につながること
3　在庫の管理がしやすいこと

問題55　1　会員の満足度を高めること
2　会員の解約率を減らすこと
3　新規の会員を獲得すること

終わり

第4回　　　　　　　　　　　　　　　　　　（A－C）

実用日本語検定

TEST OF PRACTICAL JAPANESE

J.TEST

受験番号		氏　名	

注　意

試験が始まるまで、この問題用紙を開けないでください。

日本語検定協会／J.TEST事務局

J.TEST

実用日本語検定

読 解 試 験

1	文法・語彙問題	問題	(1) ～ (40)
2	読解問題	問題	(41) ～ (60)
3	漢字問題	問題	(61) ～ (90)
4	記述問題	問題	(91) ～ (100)

1　文法・語彙問題

A　次の文の（　　　）に１・２・３・４の中から最も適当な言葉を入れなさい。

（1）　雨が（　　　）うちに家へ帰ろう。
　1　降り　　2　降らない　　3　降った　　4　降る

（2）　このコーヒーは薄くて、水（　　　）。
　1　ぎみだ　　2　らしい　　3　ようだ　　4　っぽい

（3）　待ち合わせに早く（　　　）に越したことはない。
　1　着いて　　2　着く　　3　着こう　　4　着かない

（4）　彼は発表の練習を何度もしていた（　　　）、全然うまくできていなかった。
　1　わりに　　2　ところ　　3　以上　　4　すえ

（5）　雨もやんだ（　　　）、ちょっと散歩に行きませんか。
　1　ことから　　2　ことだし　　3　からには　　4　あまり

（6）　そんなことを（　　　）ものなら、みんなに嫌われてしまう。
　1　言う　　2　言って　　3　言わない　　4　言おう

（7）　デザイン（　　　）さることながら、ネーミングが素晴らしい。
　1　も　　2　が　　3　を　　4　へ

（8）　接客業はお客様（　　　）仕事だ。常にお客様を中心に考えなければならない。
　1　あっての　　2　とあって　　3　とある　　4　にあっての

（9）　交通機関がすべて麻痺しているのだから、出社（　　　）できない。
　1　せんがために　　2　するとはいえ　　3　しようにも　　4　したところで

（10）　彼は会社勤め（　　　）、市民ランナーとして活躍している。
　1　のかたわら　　2　かたがた　　3　といっても　　4　にあたり

（11）　長年勤めた会社を去ることになり、寂しい（　　　）。
　1　始末だ　　2　かぎりだ
　3　を禁じえない　　4　と言わんばかりだ

(12)　暇だとか（　　　）とか言って、本当は寂しいから会いに来るんでしょう。
1　あれ　　2　どれ　　3　何　　4　何か

(13)　彼にあの仕事を（　　　）覚えはない。
1　頼み　　2　頼んで　　3　頼んだ　　4　頼む

(14)　今日中に終わらない作業を明日に回したいが、明日は明日（　　　）予定が詰まっている。
1　が　　2　で　　3　は　　4　に

(15)　消費者の意見を（　　　）、商品開発をしていくことにした。
1　おして　　2　前提に　　3　境に　　4　ふまえて

(16)　A：「わあ！　びっくりした」
B：「どうしたの？」
A：「（　　　）、猫(ねこ)が飛(と)び出してきたんだよ」
1　ドアを開けたついでに　　2　ドアを開けるたび
3　ドアを開けたからといって　　4　ドアを開けたとたん

(17)　A：「今日行ったお店の料理、どれもとてもおいしかったね」
B：「さすが（　　　）」
1　高かっただけのことはあるね　　2　高いに足るね
3　高かったにとどまらないね　　4　高かったなりにね

(18)　A：「今度の春から、昇進が決まったよ」
B：「おめでとうございます。息子さんも大学に合格されたし、最近（　　　）ですね」
1　いいことずくめ　　2　いいことまみれ
3　いいことざんまい　　4　いいことっきり

(19)　田中(たなか)：「渡辺(わたなべ)さんをクビにしたのは、係長だそうですよ」
吉川(よしかわ)：「本当ですか。社長（　　　）、係長にそんなことできるんですか」
1　ならいざしらず　　2　をものともせずに
3　ともなしに　　4　といえども

(20)　A：「あの選手、小さいのに体を張っているね」
B：「うん。体が大きい選手に（　　　）」
1　則っていないよね　　2　ひけをとらないね
3　ほどがあるね　　4　なおざりにしているね

B　次の文の（　　　）に１・２・３・４の中から最も適当な言葉を入れなさい。

(21)　タクシーの運転手に行き（　　　）を告げる。
　1　地　　2　先　　3　場　　4　所

(22)　労働力不足が（　　　）になっている。
　1　深刻　　2　公害　　3　温暖　　4　破壊

(23)　A：「結局は金銭的な要求なんですね」
　B：「うん。まあ、金（　　　）熱意ということだよ」
　1　すなわち　　2　あながち　　3　にわかに　　4　ただちに

(24)　コミュニケーションの重要性を（　　　）認識した。
　1　改　　2　再　　3　重　　4　深

(25)　どの案も似たり（　　　）で新鮮さがなかった。
　1　聞いたり　　2　取ったり　　3　ついたり　　4　寄ったり

(26)　A：「納期がこんなに遅れるんじゃ困りますね」
　B：「申し訳ありません。なにとぞ（　　　）ご挨拶に伺いました」
　1　ご理解を差し上げたく　　2　ご了解をいたしたく
　3　ご厚意をたてまつりたく　　4　ご了承をたまわりたく

(27)　今後のスケジュールについて、だいたいの（　　　）を付けてから取りかかりましょう。
　1　当たり　　2　方　　3　勿体　　4　けり

(28)　携帯電話各社は政府からの料金値下げ圧力で（　　　）にさらされている。
　1　逆説　　2　逆風　　3　同調　　4　風潮

(29)　急ぎの仕事があるのに、パソコンが（　　　）してしまい困っている。
　1　フリーズ　　2　アクセス　　3　インストール　　4　ダウンロード

(30)　会議の終盤になって、Aさんが突然、「（　　　）を差すようで申し訳ないのですが……」と口を開いた。
　1　傘　　2　魔　　3　油　　4　水

C　次の文の＿＿＿の意味に最も近いものを１・２・３・４の中から選びなさい。

(31)　あの橋(はし)は壊(こわ)れるおそれがある。

1　絶対(ぜったい)に壊れる　　2　壊れないだろう

3　壊れるかもしれない　　4　壊れたことがある

(32)　名前を公表(こうひょう)してもさしつかえない。

1　公表しても問題ない　　2　公表したら問題だ

3　公表しても意味がない　　4　公表しないほうがいい

(33)　二人の性格(せいかく)は対照(たいしょう)的だ。

1　似(に)ている　　2　全然違(ぜんぜんちが)う　　3　合わない　　4　比(くら)べられない

(34)　彼女は案の上、遅刻して来た。

1　常(つね)に　　2　意外にも　　3　やはり　　4　ときどき

(35)　心を尽(つ)くした料理と接客でお客様をおもてなしする。

1　心がさわぐ　　2　心を砕(くだ)いた

3　心を許した　　4　心を込めた

(36)　こころみにやってみるのも悪くないだろう。

1　無理に　　2　試しに　　3　一生懸命(けんめい)に　　4　気楽に

(37)　新入社員の態度(たいど)には、みんな頭を抱えている。

1　悩んでいる　　2　驚(おどろ)いている

3　イライラしている　　4　がっかりしている

(38)　彼は自ら茨(いばら)の道を選んだ。

1　楽しめる　　2　長くて疲れる　　3　困難な　　4　行き止まりの

(39)　課長は北海道(ほっかいどう)支社のテコ入れのため出向している。

1　支援　　2　廃止　　3　調査　　4　表彰

(40)　優秀な人材がヘッドハンティングされた。

1　辞めさせられた　　2　抜擢(ばってき)された

3　左遷された　　4　引き抜かれた

2　読解問題

問題　1

次の文書を読んで問題に答えなさい。
答えは１・２・３・４の中から最も適当なものを１つ選びなさい。

岡山営業所出張報告

2019年11月15日

営業本部営業部　岡本部長

営業部　須藤幸恵

表題の件（　A　）下記の通り報告いたします。

記

1	目　的	中国地区　特別販促会議		
2	期　間	11月12日（火）～13日（水）		
3	行　動	11月12日	11時～12時	所長と面談
			13時～17時	特別販促会議
		11月13日	9時～10時	所長と現場調査
			10時～11時	改善会議
4	所　見	・所長以下、パート・アルバイト社員も含め、全員のやる気を感じました。 ・地元のニーズをさらに調査する必要があると感じました。		

---

(41)　（　A　）に入る言葉はどれですか。

1　において
2　につき
3　に対し
4　に応じ

(42)　文書の内容と合っているのはどれですか。

1　岡本部長と須藤さんは岡山営業所に出張した。
2　出張は日帰りだった。
3　出張中の仕事は11月13日の午前中に終了した。
4　岡本部長は岡山営業所に勤めている。

問題　2

次のメールを読んで問題に答えなさい。
答えは１・２・３・４の中から最も適当なものを１つ選びなさい。

2019/10/30　10:21

件名：「PH型パネル」について

株式会社丸和電工　林　様

いつもお世話になっております。株式会社大和商事　塚本です。

10月16日に注文いたしました「PH型パネル」が本日届きました。
しかし、10個のうち１個に一部破損がございました。

つきましては、こちらは返品いたしますので、貴社にて確認の（＿A＿）、
代替品をご手配いただきますようお願いいたします。

ご連絡をお待ちしております。

---

(43)　（＿A＿）に入る言葉はどれですか。

1　内
2　中
3　下
4　上

(44)　メールの内容と合っているのはどれですか。

1　発注したパネルの数が間違っていた。
2　発注したパネルが割れていたので交換したい。
3　発注したパネルを返品するので代金を返してほしい。
4　発注したパネルの返品の連絡をしたが返事が来ない。

問題　3

次のメールを読んで問題に答えなさい。
答えは１・２・３・４の中から最も適当なものを１つ選びなさい。

2019/11/15　18:37

件名：暖房運転開始日のお知らせ

管理職各位

表題の件、本年度は下記のように実施しますので従業員への周知をお願いします。なお、今冬の気温は平年より低いとの予報によって、開始時期を昨年よりも約１週間早めています。開始日まで若干寒い日があるかもしれませんが、各自、衣服の調整等で対応をお願いします。運転終了日は、決まり次第連絡します。

暖房運転開始日：　12 月 3 日(火)
暖房運転時間：　8：00～18：00

・業務上の特別な事情で上記以外の時間帯に暖房運転を希望する場合は、部長経由で、前日までに下記担当にご連絡ください。
・暖房機器の不具合は、施設課の畑山(内線:1234)へ直接ご連絡ください。

担当：総務部　中川（内線：5678）

---

(45)　暖房の運転について、メールの内容と合っているのはどれですか。
　1　毎日、天気予報に従って部長が使用を決める。
　2　温度設定は部署によって異なる。
　3　終了日は毎年決まっている。
　4　開始日は毎年異なる。

(46)　どんな時、中川さんに連絡をしますか。
　1　部長不在時に暖房を使用したい時
　2　決められた時間以外に暖房を使用したい時
　3　12月３日より前に暖房を使用したい時
　4　暖房の調子が悪い時

問題　4

次の文章を読んで問題に答えなさい。
答えは１・２・３・４の中から最も適当なものを１つ選びなさい。

私の生活作法

これからはおそらく、少々値は張っても、長保ちのする、使えば使うほどよくなってくる本物が求められる時代になるだろうと思う。今でもその気配はすでにあらわれていて、ヨーロッパの古い家具などが重宝がられだしている。人間は効率のよさとか、便利さとか、機能性とか、それらもむろん必要だが、そればかりでは生きられないことに、ようやく人々が気づきだしたということであろう。

人一人くらすのに本当に必要なものなんてそうたくさんあるわけがない。むしろ今迄が物を持ちすぎていたのであって、わたしは昨年家の模様がえをするとき家中を点検して、いかに(*1)ロクでもない品物が多くたまっているかにびっくりした。食器類だの、陶磁器だの、そんなものでも老夫婦二人きりのくらしには不必要なものが山程あって、思い切ってそういうものを全部捨ててしまったら、さっぱりしてまことにいい気分であった。

どうしても必ず必要な道具や物には、それこそ(*2)万金を投じてでも毎日使ってたのしい品物を買うがよかろうと思う。ヤカン一つだって、たんに湯が沸かせればいいというのでなく、形、材質、作り、すべてが気に入ったものを使っていると、どれほどゆたかな心持ちになるかしれない。やはり（　A　）がいいのだ。

（＊１）ロクでもない…くだらない
（＊２）万金を投じて…多くのお金を使って

（中野孝次『私の生活作法』文藝春秋より一部改）

---

(47)　（　A　）に入る言葉はどれですか。

1　新品
2　古品
3　好物
4　本物

(48)　物を持つことについて、文章の内容と合っていないのはどれですか。

1　いい物を長く使うのがいい。
2　不必要な物は持たないほうがいい。
3　必要なものには大金をかけてもいい。
4　耐久性より機能性を重視するべきだ。

問題　5

次のメールを読んで問題に答えなさい。
答えは１・２・３・４の中から最も適当なものを１つ選びなさい。

2019/09/17　10:50

件名：担当者変更のご連絡

株式会社三交商事
営業部
部長　川澄様

平素は弊社業務にご支援ご協力を賜りありがとうございます。

さて、この度の人事異動に伴いまして、担当者が交代することとなりましたのでお知らせ申し上げます。
これまで貴社を担当させていただきました当課の真田正良は9月30日をもちまして大阪支社へ異動となります。

真田が大変お世話になりましたこと改めてお礼申し上げます。

翌10月1日より新たに小林明弘が担当させていただきます。
小林からは着任後に改めてご連絡を差し上げ、ご挨拶に伺います。

まずは取り急ぎメールにてお知らせ申し上げます。

(49)　真田さんはどうして担当が続けられないのですか。

1　昇進のため

2　子会社に出向のため

3　転勤のため

4　退職のため

(50)　メールの内容と合っているのはどれですか。

1　後任者からの挨拶は着任後に改めてする。

2　小林さんは三交商事に異動となった。

3　川澄さんと真田さんとの間で引き継ぎが行われる。

4　このメールを送っているのは真田さん本人である。

問題　6

次の文章を読んで問題に答えなさい。
答えは１・２・３・４の中から最も適当なものを１つ選びなさい。

「効率化すると疲れる、大変ですね？」の大いなる誤解

最近、よく聞かれるのが「そういう効率化された生活は疲れないですか？」ということです。しかし、私がなぜ効率化を図るのかと言うと、自分も相手も制限された時間・能力の中で最高の成果を目指すことが、「自分も相手も大事にする技術」だと思っているからです。

結果、私にとっては、効率化しない生活のほうが疲れるのです。

これはどういうことかと言うと、効率化したほうが、自分のパーソナル資産も相手のパーソナル資産も、有意義に使える可能性が高いからです。そして、効率的に自分たちのパーソナル資産、相手のパーソナル資産を使いこなすほど、次に新しいことができる自由が生まれます。

そして、効率化することで行動力、自由度が高まってより多くの決断ができ、それがパーソナル資産や人脈につながります。そして、それがメンタル筋力（きんりょく）の強化につながるのです。

たとえば、「人間関係を保（たも）つためにまめにいちいちメールするのは大変だ」とか、「ぬくもりがある手書きのほうがいい」という方もいると思います。

しかし、何か小さな贈り物をしようと思ったときに、「まずはメールで送るから」と説明し、そのメールを印刷すれば立派（りっぱ）な送り状になるわけです。そうすると、相手は受け取ったときに何が来たのかもわかりますし、封を開けてそのことを確認できます。

また、手書きとメールの差ですが、数か月に１度届く手書きのメールよりも、数日おきに届くメールのほうが受け手にとってはうれしいかもしれません。

さらに、メールでも、中身の文章に気持ちがこもっていれば、手書きなのか、そうでないかは問題ないと思います。もちろん、手書きが得意な人は手書きにすればいいですし、メールが得意な人は、メールにすればいいのです。

（勝間和代『起きていることはすべて正しい　運を戦略的につかむ勝間式４つの技術』
ダイヤモンド社より一部改）

(51)　「効率化」について、筆者はどう考えていますか。

1　効率化すると疲れる。
2　効率化しないと疲れる。
3　効率化したくてもできない。
4　効率化すべきかどうかわからない。

(52)　文章の内容と合っているのはどれですか。

1　人間関係を保つためには、手書きのメールを送るのが一番よい。
2　自分や相手のパーソナル資産を大事にするなら生活を効率化するべきだ。
3　メールをあまり頻繁に送ると、相手のパーソナル資産を損なう可能性がある。
4　効率化することで様々なことにおける自由度が高まり、不安が生じる。

問題　7

次の文章を読んで問題に答えなさい。
答えは１・２・３・４の中から最も適当なものを１つ選びなさい。

スマホ決済、百花繚乱（ひゃっかりょうらん）　使い勝手やお得感を競う

スマートフォン（スマホ）を使った決済サービスが百花繚乱の様相を呈（てい）してきた。ＩＴ（情報技術）企業（きぎょう）の相次ぐ参入に続き、ファミリーマートが 2019 年７月に独自の決済サービスを始める。読み取り端末（たんまつ）にスマホをかざす「非接触型」も乱立するなか、どのサービスが消費者に支持されるのか。（＿Ａ＿）。

ファミマは全国１万 7000 店で電子マネー「ファミペイ」を始める。消費者がスマホ画面に示したバーコードを提示して、店員がこれを読み取る。店舗（てんぽ）のレジで現金をチャージできるほか、クレジットカードとのひも付けが可能。買い物額に応じたキャッシュバックもする計画だ。

スマホを使った決済サービスは、日本ではＪＲ東日本の「モバイルスイカ」やＮＴＴドコモの「ｉＤ」など非接触型と呼ばれる方式が先行する。ただ読み取り装置の導入コストが重荷で、中小店舗への普及が遅れている。そこで登場したのが中国など海外で普及するＱＲコードやバーコードでのスマホ決済だ。店側はモバイル端末で対応でき、費用が抑（おさ）えられる。

ただ、利用者側からすると、アプリを立ち上げる必要がない非接触型決済の方が便利という声もある。利用者のターゲットを絞（しぼ）り、消費スタイルにあったサービスを提案する必要がありそうだ。

（…中略…）

ＬＩＮＥは主力の対話アプリの特性を生かして、新しいサービスを打ち出す。「友だち」にお金を無料で送金できる機能を搭載（とうさい）し、飲食店での割り勘（かん）などに活用できる。地方自治体の自動車税や固定資産税の請求書のバーコードを、スマホのカメラで読み込んで決済できるサービスも始めた。店舗だけではない利用方法も広がりそうだ。

多様な企業が競うことで新たなサービスが生み出される一方、「乱立気味で何を使えばいいか分からない」（東京（とうきょう）都内の 36 歳女性）という声も聞かれる。一番のサービス改善は、ＱＲコードの共通化など各社のサービス連携かもしれない。

（日本経済新聞電子版 2018 年 12 月 27 日付　http://www.nikkei.com/article/DGXMZO39454310X21C18A2EA2000/　より一部改）

---

(53)　（　A　）に入る文はどれですか。

1　勢いは止まることを知らない

2　生き残り競争が始まった

3　競争の低迷が懸念（けねん）される

4　急速に存在感を強めている

(54)　下線部「<u>電子マネー『ファミペイ』</u>」について、文章の内容と合っているのはどれですか。

1　読み取り装置の導入コストを店舗（てんぽ）が負担する。

2　利用者がアプリを立ち上げる必要がない。

3　店舗はモバイル端末（たんまつ）で対応できる。

4　請求書のバーコードを店員が読み取る。

(55)　スマホ決済サービスについて、文章の内容と合っているのはどれですか。

1　様々な業界から参入が相次ぎ、サービスが乱立し、過当競争になっている。

2　競争によって消費者の選択肢（し）がいっそう増えていくことが期待される。

3　参入した各社がサービスの連携を図ることが消費者の利益に繋（つな）がる。

4　より便利な非接触型決済を望む利用者の声に応えていくべきだ。

問題　8

次の文章を読んで問題に答えなさい。
答えは１・２・３・４の中から最も適当なものを１つ選びなさい。

高卒の力　引き出す工夫を

武蔵野銀行頭取　加藤喜久雄

高卒者の就職が好調だ。人手不足で全国的に労働需給が逼迫している影響もあろう。若者の流出に歯止めがかからない地方では特に、高卒人材も地域経済の成長に欠かせない重要な戦力だ。少子高齢化が進む時代に企業が高卒者をどう生かすか考えたい。

初対面の方には驚かれることが多いが、私は銀行の頭取としては極めてまれな高卒者だ。東京五輪が開かれた 1964 年に地元の商業高校を卒業し、武蔵野銀行に入行した。鴻巣支店を振り出しに銀行員として経験を積み、2007 年から頭取を務めている。

自身の経験も踏まえていえば、企業が高卒者をうまく活用するためにまず大事なのは、雇用のミスマッチを防ぐ手立てを徹底することだ。高校生の多くは大学生に比べ職業選択に対する意識が十分に醸成されておらず、学校の教師の勧めで就職先を選ぶ生徒も少なくない。入社してはみたものの職場になじめず、数年で辞めてしまっては労使双方にとって損失だ。

当行では 06 年に高卒者の採用を 10 年ぶりに再開し、近年は 30 人程度を毎年採用している。採用活動ではできるだけ高卒の行員が自らの出身校まで説明に赴くようにしている。入行後の自分の姿をイメージしてもらいやすく、教師の理解も深まるからだ。その効果もあってか、高卒者の入行後３年間の離職率は 15%程度と、一般的な企業より低い。

育成に関しては、本人の努力次第で大卒者と同じ条件で仕事ができる人事制度を整えることが重要だ。

(…中略…)

私はこれまでの銀行員生活、常に仕事が面白かったし、高卒をハンディと思ったことはない。数年後の自分の姿を想像しながら仕事ができれば企業への愛着も芽生える。高卒者の活躍は大卒者への刺激にもなる。この両者のバランスも組織の活性化には必要だ。

高卒採用を再開した当時、行内には心配する声もあったが、埼玉に本拠を構える企業として、地元の人材を雇用するのも地域貢献の一環だ。人口減少が加速する時代を迎え、雇用した人材の能力を最大限に伸ばす発想こそが、持続的な企業経営に極めて重要なのだ。

（「日本経済新聞」2018年10月12日付より一部改）

---

(56)　武蔵野（むさしの）銀行について、文章の内容と合っているのはどれですか。

1　高卒者の離職率が低い。

2　高卒者の割合は15％である。

3　東京（とうきょう）に本拠地を構える。

4　今年から高卒者の採用を開始した。

(57)　筆者について、文章の内容と合っているのはどれですか。

1　大学へは進学せずに銀行で働き始めた。

2　就職活動で苦労をした。

3　教師に勧められて銀行員になった。

4　銀行に入ったことを後悔している。

(58)　文章の内容と合っているのはどれですか。

1　地元の人材を優先的に雇用することで、人口減が進む地方の経済成長に貢献することができる。

2　高卒者の待遇を大卒者と同等にすることで、両者にライバル意識が芽生え、組織を活性化することができる。

3　大卒の行員が採用の説明をすることで、高校生の職業選択に対する意識を醸成することができる。

4　雇用した高卒者の能力を育成して生かすことが、少子高齢化の時代の企業経営には必要である。

問題　9

次の文書を読んで問題に答えなさい。
答えは１・２・３・４の中から最も適当なものを１つ選びなさい。

就業規則一部改正のお知らせ

社員各位

総務部　山崎 正（やまさきただし）

働き方改革関連法の施行に伴い、就業規則第18条３項を以下の通り改正いたしましたのでお知らせいたします。

記

【改正後】
（時間外及び休日労働等）
第18条
３．法定労働時間を越える労働については、１ヶ月について45時間、１年については360時間以内とする。臨時的に特別な事情を申し出て認められた場合は、１年について720時間以内とするが、その場合も、原則である月45時間を上回る回数は年６回まで、単月で100時間未満、連続する２ヶ月から６ヶ月の平均で月80時間以内とする。

尚、この内容はメールでもお送りしています。新旧対照表は添付ファイルをご参照ください。お問い合わせは総務部山崎までお願いします。

以上

---

(59)　改正後の就業規則を守っているのはどれですか。

1　繁忙期だと認められた12月のみ100時間、１年間で700時間の残業をした。

2　新事業の立ち上げが特別な事情として認められ、毎月100時間の残業を半年間、続けた。

3　人員不足が特別な事情として認められ、７月に70時間、８月に90時間、９月に80時間の残業をした。

4　毎月50時間の残業を８ヶ月間続けた。

(60)　文書の内容と合っているのはどれですか。

1　新しい法律に合わせて就業規則を変更する。

2　この会社では時間外労働時間が守られていない。

3　社員の要望を受け労働時間の上限が決められた。

4　改正前の就業規則との対照表は、山崎（やまさき）さんに連絡すればメールで送ってくれる。

3　漢字問題

A　次のひらがなの漢字をそれぞれ１・２・３・４の中から１つ選びなさい。

(61)　昨日（きのう）の夜、くすりを飲みましたか。
1　酒　　2　薬　　3　液　　4　粉

(62)　地図で会社のいちを確認しておく。
1　場所　　2　位地　　3　位置　　4　方向

(63)　はいざらを取ってください。
1　配皿　　2　杯皿　　3　角皿　　4　灰皿

(64)　この本はやさしい。
1　易しい　　2　悲しい　　3　珍しい　　4　難しい

(65)　けいざい学部を受験（じゅけん）する。
1　芸術　　2　経済　　3　政治　　4　経営

(66)　互（たが）いにささえ合う。
1　支え　　2　追え　　3　救え　　4　伝え

(67)　上司（じょうし）の不満をはき出したらすっきりした。
1　呟き　　2　吐き　　3　履き　　4　怒き

(68)　書類しんさを通った人だけが面接を受けられます。
1　深詐　　2　選抜　　3　審査　　4　診断

(69)　親が子をやしなう。
1　飼う　　2　養う　　3　導う　　4　負う

(70)　この商品はそくじつ発送可能です。
1　則日　　2　翌日　　3　即日　　4　速実

(71)　資金ぐりに行き詰まる。

1　苦離　　2　栗　　3　繰り　　4　駆り

(72)　工場から商品をしゅっかする。

1　出荷　　2　出貨　　3　出家　　4　出過

(73)　祖父のかいき祝いでご馳走（ちそう）を食べた。

1　怪奇　　2　皆既　　3　回帰　　4　快気

(74)　最高裁で判定がくつがえった。

1　覆った　　2　頻った　　3　繁った　　4　請った

(75)　今回の不祥事で会社の信用はしっついしてしまった。

1　失脚　　2　湿疹　　3　失墜　　4　漆桶

B　次の漢字の読み方を例のようにひらがなで書いてください。

・ひらがなは、きれいに書いてください。
・漢字の読み方だけ書いてください。

（例）　はやく書いてください。

（例）	か

（76）　階段を上る。

（77）　人が倒れている。

（78）　暑くて汗が止まらない。

（79）　観光バスが２台並（だいなら）んでいる。

（80）　日が暮れるのが早くなりましたね。

（81）　あの青い看板（かんばん）が目印です。

（82）　会社の倉庫を整理（せいり）しなければならない。

（83）　内臓が弱っている。

（84）　風呂（ふろ）に入る前に裸になる。

（85）　背が高いのは遺伝だ。

（86）　巧みなセールストークに騙（だま）されないように。

（87）　条約（じょうやく）が撤廃された。

（88）　Ａ銀行は、住宅ローンの金利を当面据え置くと発表した。

（89）　時代の波に翻弄される。

（90）　毎朝のウォーキングは息抜き且つダイエットになっている。

4　記述問題

A　例のように＿＿＿＿に適当な言葉を入れて文を作ってください。

> ・漢字は、今の日本の漢字を書いてください。
>
> （例）　きのう、＿＿＿＿＿＿でパンを＿＿＿＿＿＿。
> （A）　（B）
>
> | （例） | （A）　スーパー | （B）　買いました |
> |---|---|---|

（91）　A：今から図書館（としょかん）へ行ってきます。

B：図書館へ＿＿＿＿＿＿なら、この＿＿＿＿＿＿も返（かえ）して来てください。
（A）　（B）

（92）　昨日（きのう）は寝（ね）るのが＿＿＿＿＿＿ので、朝から＿＿＿＿＿＿くてしょうがない。
（A）　（B）

（93）　明日（あした）は大事な＿＿＿＿＿＿があるので、会社を＿＿＿＿＿＿わけにはいかない。
（A）　（B）

（94）　A：＿＿＿＿＿＿ことに、新商品の評判（ひょうばん）が＿＿＿＿＿＿です。
（A）　（B）

B：それはよかったですね。

（95）　（デパートで）

こちらの商品は、年齢や＿＿＿＿＿＿を＿＿＿＿＿＿ず、どなたでもお使い
（A）　（B）
いただけます。

B　例のように３つの言葉を全部使って、会話や文章に合う文を作ってください。

・【　　】の中の文だけ書いてください。
・１.→２.→３.の順に言葉を使ってください。
・言葉の＿＿の部分は、形を変えてもいいです。
・文は、１つか２つです。３つ以上は、だめです。
・漢字は、今の日本の漢字を書いてください。

（例）
きのう、【　1.　どこ　→　2.　パン　→　3.　買う　】か。

（例）	どこでパンを買いました

(96)

【　1.　地震(じしん)　→　2.　電車　→　3.　止(と)まる　】しまいました。

(97)
うちは貿易(ぼうえき)会社だが、
【　1.　たとえ　→　2.　英語　→　3.　できる　】ても問題ない。

(98)
A：新入社員研修(けんしゅう)はありますか。

B：はい。入社後、【　1.　２か月　→　2.　わたる　→　3.　研修　】を
　行います。

(99)
カメラ部門(ぶもん)は、全体の

【　1.　売上　→　2.　３パーセント　→　3.　占(し)める　】にすぎない。

(100)
兄はさんざん【　1.　苦労　→　2.　医者　→　3.　あげく　】、
たった１年で辞めてしまった。

J.TEST

実用日本語検定

聴 解 試 験

1	写真問題	問題	１～１０
2	聴読解問題	問題	１１～２０
3	応答問題	問題	２１～４０
4	会話・説明問題	問題	４１～５５

1　写真問題（問題1～10）

例題

例題1
例題2

例題1→	れい1	● ② ③ ④	（答えは解答用紙にマークしてください）
例題2→	れい2	① ② ● ④	（答えは解答用紙にマークしてください）

A　問題1
問題2

B

問題3
問題4

C

問題5
問題6

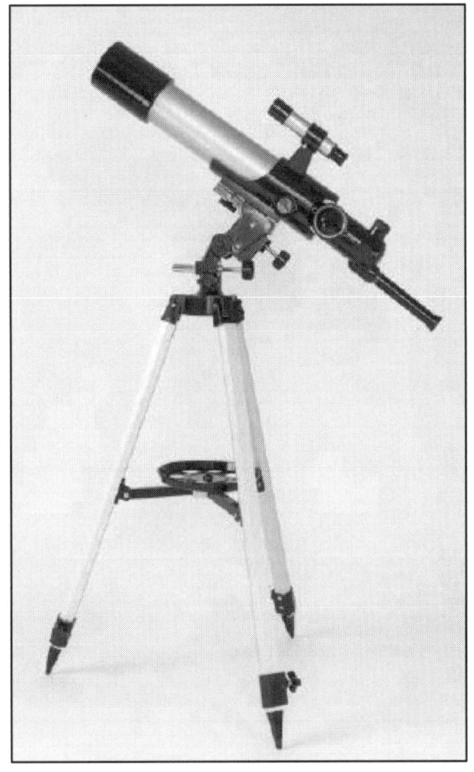

D

問題7
問題8

E

問題9

F 問題10

2 聴読解問題 （問題11～20）

例題

例題1
例題2

① ② 株式会社ＧＫ出版

営業部
部長 吉 田　一 郎
YOSHIDA　Ichiro

③ 〒130-0021 東京都墨田区緑×－×－×
TEL:03-3633-xxxx　E-mail:yoshida@XX.jp ④

例題1→	れい1	① ● ③ ④	（答えは解答用紙にマークしてください）
例題2→	れい2	① ② ● ④	（答えは解答用紙にマークしてください）

G　問題11
問題12

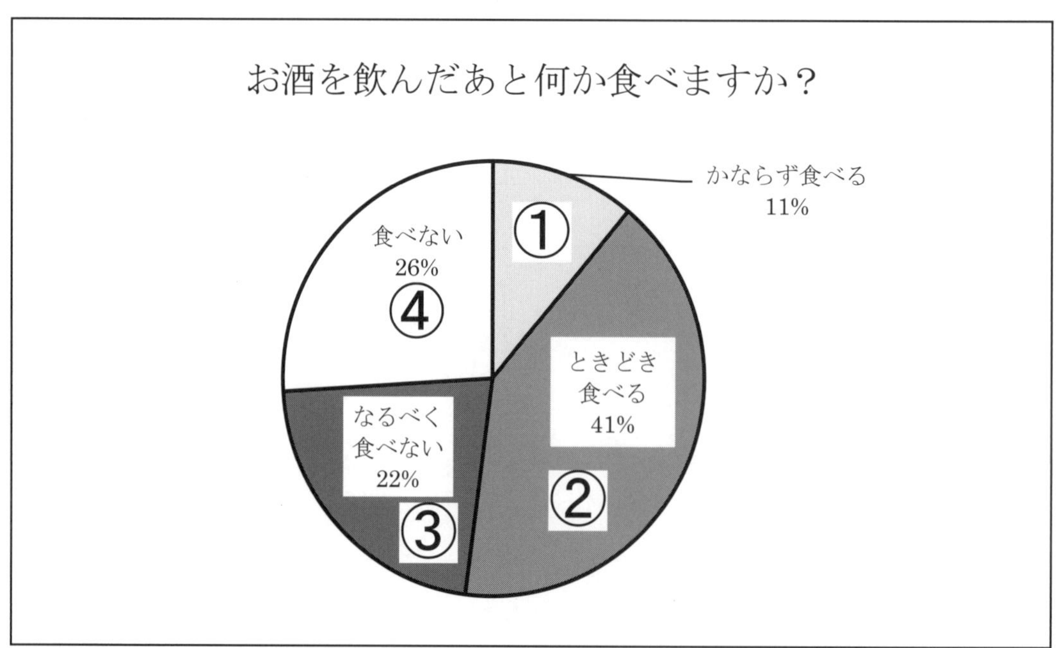

H　問題13

① 「社」
② 「新」
③ 「進」
④ 「不」

問題14

① 「挑」
② 「不」
③ 「勤」と「進」
④ 「努」と「進」

I　問題15
問題16

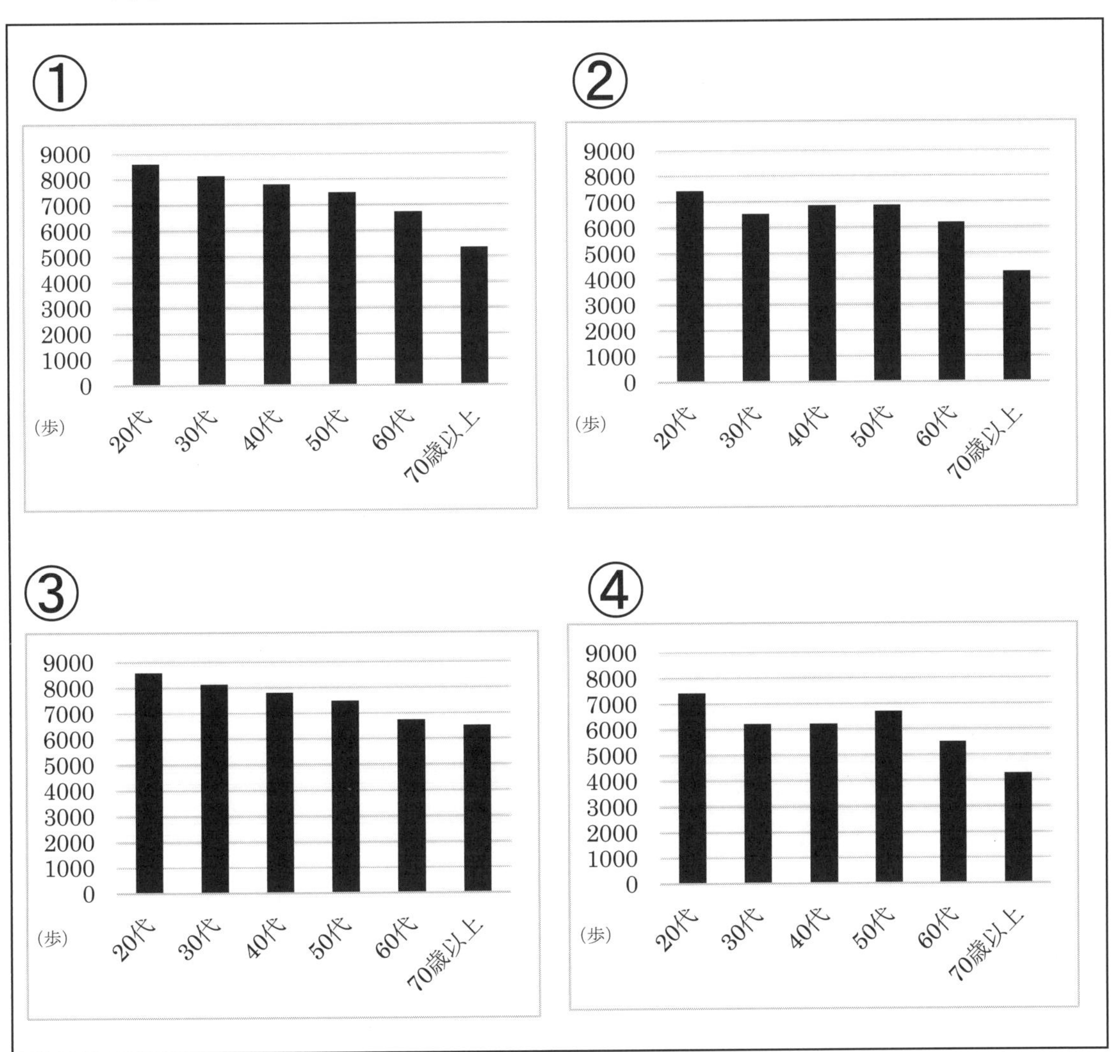

J　問題17
問題18

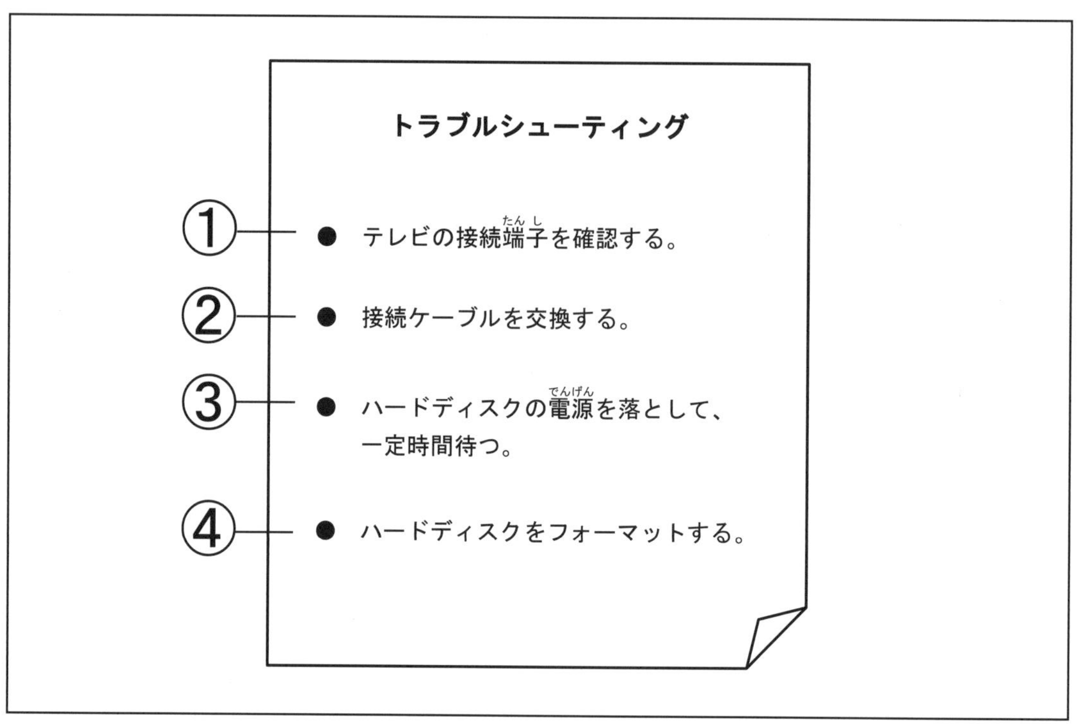

トラブルシューティング
①
● テレビの接続端子(たんし)を確認する。
②
● 接続ケーブルを交換する。
③
● ハードディスクの電源(でんげん)を落として、一定時間待つ。
④
● ハードディスクをフォーマットする。

K　問題19
問題20

3 応答問題 （問題21～40）

（問題だけ聞いて答えてください。）

例題1	→	れい1	●	②	③
例題2	→	れい2	①	●	③

（答えは解答用紙にマークしてください）
（答えは解答用紙にマークしてください）

問題21
問題22
問題23
問題24
問題25
問題26
問題27
問題28
問題29
問題30
問題31
問題32
問題33
問題34
問題35
問題36
問題37
問題38
問題39
問題40

メモ（MEMO）

4 会話・説明問題 （問題41～55）

例題

1 資料のコピー
2 資料のチェック
3 資料の作成

れい	① ● ③

（答えは解答用紙にマークしてください）

1

問題41
1 出席(しゅっせき)15人、欠席(けっせき)２人。
2 出席17人、欠席２人。
3 出席20人、欠席３人。

問題42
1 店に出席者の人数(にんずう)を連絡(れんらく)する。
2 出欠連絡がまだない人にメールを出す。
3 出席者に店の情報(じょうほう)をメールで送る。

2

問題43
1 風邪(かぜ)をひいたため
2 ウイルスを吸(す)わないようにするため
3 顔を直接触(ちょくせつさわ)らないようにするため

問題44
1 給湯(きゅうとう)室で手洗い、うがいをします。
2 トイレで手を洗います。
3 給湯室でくすりを飲みます。

3

問題45
1　タイトル
2　本文
3　署名（しょめい）

問題46
1　上司（じょうし）に送られていなかった。
2　送る相手が多すぎた。
3　外部の人に送っていた。

4

問題47
1　30歳を過ぎて焦（あせ）っているから
2　部署が男性ばかりだから
3　仕事が忙しいから

問題48
1　気軽に利用できる。
2　個人情報が必要ない。
3　若い人が多い。

問題49
1　怪（あや）しいところがある。
2　料金が高い。
3　年齢制限がある。

5

問題50　1　新人に対して行われているもののみがパワハラとされている。
2　たたく、蹴(け)るなどの暴行は犯罪なので、パワハラには当てはまらない。
3　肉体的苦痛だけでなく、精神的苦痛を与えられるものもパワハラと呼ばれる。

問題51　1　周囲の人に相談する。
2　警察に相談する。
3　職場を変える。

問題52　1　できるだけ叱(しか)らないようにする。
2　感情的にならず、問題となる行動や内容のみを指摘(してき)する。
3　相手の反応を見ながら叱る。

6

問題53　1　味のついたミネラルウォーター
2　レモンティーとミルクティー
3　ビール

問題54　1　味がおいしいから
2　イメージがいいから
3　子供が飲みやすいから

問題55　1　ペットボトルの容器で販売されている。
2　１本500円で販売されている。
3　オフィス内のコンビニのみで販売されている。

終わり

第1回 J.TEST実用日本語検定 （A-Cレベル）

正解とスクリプト

■ 読解・記述問題 500点

《 文法語彙問題 》各５点(200点)				《 読解問題 》各６点(120点)		《 漢字問題Ａ 》各４点(60点)	
1) 2	11) 2	21) 1	31) 2	41) 2	51) 2	61) 2	71) 1
2) 2	12) 1	22) 3	32) 4	42) 1	52) 4	62) 1	72) 3
3) 4	13) 3	23) 2	33) 2	43) 2	53) 2	63) 3	73) 2
4) 3	14) 2	24) 1	34) 1	44) 3	54) 1	64) 3	74) 2
5) 1	15) 4	25) 2	35) 4	45) 2	55) 4	65) 4	75) 4
6) 2	16) 3	26) 3	36) 2	46) 3	56) 2	66) 1	
7) 1	17) 2	27) 4	37) 3	47) 4	57) 1	67) 4	
8) 3	18) 1	28) 1	38) 4	48) 4	58) 3	68) 4	
9) 4	19) 1	29) 4	39) 1	49) 1	59) 3	69) 1	
10) 4	20) 2	30) 2	40) 1	50) 2	60) 3	70) 1	

《 漢字問題Ｂ 》各４点(60点)　*漢字問題Ａ＋Ｂ＝計120点

76) きんえん　80) さか　84) じょうきょう　88) しさつ
77) やわら　81) きふ　85) こうしょう　89) ごじ
78) ばいばい　82) みつもり　86) きょうごう　90) だいたい
79) さらいしゅう　83) じたい　87) ようし

解答例　《 記述問題Ａ 》各６点(30点)　*(Ａ)と(Ｂ)が両方正解で６点。部分点はありません。

91)(Ａ) 遅れ　(Ｂ) 行きません
92)(Ａ) お腹　(Ｂ) 元気
93)(Ａ) 本　(Ｂ) おもしろかった
94)(Ａ) をして　(Ｂ) 先輩
95)(Ａ) 高く　(Ｂ) 高い

解答例　《 記述問題Ｂ 》各６点(30点)　*部分点はありません。　*記述問題Ａ＋Ｂ＝計60点

96) 傘を持って行くのを忘れない
97) のどが渇いたというより
98) 食べる時間さえない
99) つねに丁寧な言葉で
100) と言いつつも節約していない

■ 聴解問題 500点

《写真問題》各５点(50点)	《聴読解問題》各10点(100点)	《 応答問題 》各10点(200点)		《 会話・説明問題 》各10点(150点)	
1) 4	11) 4	21) 1	31) 1	41) 3	51) 3
2) 1	12) 3	22) 2	32) 1	42) 1	52) 2
3) 3	13) 4	23) 3	33) 2	43) 2	53) 2
4) 3	14) 3	24) 1	34) 3	44) 1	54) 3
5) 3	15) 1	25) 1	35) 1	45) 2	55) 3
6) 2	16) 4	26) 3	36) 3	46) 1	
7) 2	17) 2	27) 3	37) 3	47) 1	
8) 2	18) 1	28) 1	38) 1	48) 3	
9) 1	19) 2	29) 2	39) 3	49) 2	
10) 4	20) 1	30) 3	40) 3	50) 1	

第１回 A-Cレベル 聴解スクリプト

写真問題

例題の写真を見てください。
例題１　これは何ですか。
１　コップです。
２　いすです。
３　ノートです。
４　カメラです。

例題２　これで何をしますか。
１　すわります。
２　字を書きます。
３　水を飲みます。
４　写真をとります。
最も良いものは、例題１は１、例題２は３です。ですから、例題１は１、例題２は３を例のようにマークします。

Ａの写真を見てください。
問題１　これは何ですか。
１　パジャマです。
２　ビニールです。
３　パスワードです。
４　プリンターです。

問題２　これで何をしますか。
１　印刷します。
２　宿泊します。
３　撮影します。
４　冷凍します。

Ｂの写真を見てください。
問題３　手前の犬は何をしていますか。
１　水をたっぷり蓄えています。
２　飼い主を舐めています。
３　蛇口から出ている水を飲んでいます。
４　水道の栓をひねっています。

問題４　正しい説明はどれですか。
１　ここは砂漠です。
２　奥の犬はずぶ濡れです。
３　手前の犬は舌を出しています。
４　落ち葉がたくさんあります。

Ｃの写真を見てください。
問題５　どんなお腹ですか。
１　引き締まっています。
２　筋肉質です。
３　たるんでいます。
４　凹んでいます。

問題６　正しい説明はどれですか。
１　仰向けになっています。
２　脂肪をつまんでいます。
３　指でめくっています。
４　手応えを感じています。

Ｄの写真を見てください。
問題７　これは何ですか。
１　ちょうちんです。
２　うちわです。
３　数珠です。
４　巾着です。

問題８　正しい説明はどれですか。
１　柄が幾何学模様です。
２　暑い時、これで仰ぎます。
３　ひびが入っています。
４　模様が剥げています。

Ｅの写真を見てください。
問題９　相手が言ったことを繰り返し言って確認します。こんな時、何と言いますか。
１　復唱いたします。
２　承ります。
３　おつなぎいたします。
４　お答えしかねます。

Ｆの写真を見てください。
問題１０　取引先の山田さんからの伝言があることを部長に伝えます。こんな時、何と言いますか。
１　山田様のご伝言を賜りたく存じます。
２　山田様へご伝言申し上げます。
３　山田様にご伝言を申し伝えます。
４　山田様からご伝言をお預かりしました。

聴読解問題

例題を見てください。男性と女性が、会社のロゴの位置について話しています。

例題１　男性はどの位置がいいと言っていますか。

例題２　女性はどの位置がいいと言っていますか。

ーーーーーーーーーーーーーーーーーーーーーーー

男：名刺のデザインを変えるんだけど、会社のロゴの位置はどこがいいと思う？

女：住所の前がいいんじゃない？

男：うーん、でも、それじゃあ目立たないよ。会社名の前に大きく入れたら、どう？

女：えー、ロゴは控えめに、住所の前にあるほうがいいわよ。

ーーーーーーーーーーーーーーーーーーーーーーー

例題１　男性はどの位置がいいと言っていますか。

例題２　女性はどの位置がいいと言っていますか。

最も良いものは、例題１は２、例題２は３です。ですから、例題１は２、例題２は３を例のようにマークします。

Ｇを見てください。

女性と男性が話しています。

問題１１　男性が書かなかったのはどれですか。

問題１２　女性が最後に注意したのはどれですか。

ーーーーーーーーーーーーーーーーーーーーーーーーー

女：山田君、ちょっといいですか。

男：はい、何でしょう。

女：今私に送ってくれたメールですが、件名は具体的にしてください。それから、ビックリマークもビジネスにはふさわしくありません。

男：あ、すみません。

女：それに名前もありませんね。

男：メールアドレスでわかるかと思って、書かなかったんです。

女：必要です。それから、「明日」ではなく、日付を明記してくださいね。メールはすぐに読んでもらえるとは限らないですから。

男：わかりました。気をつけます。

ーーーーーーーーーーーーーーーーーーーーーーーーー

問題１１　男性が書かなかったのはどれですか。

問題１２　女性が最後に注意したのはどれですか。

Ｈを見てください。
男性と女性が話しています。

問題１３　歩行者はどの人ですか。
問題１４　運転手はどの人ですか。

－－－－－－－－－－－－－－－－－－－－－－－－－

男：お忙しいところ恐れ入ります。先日、緑町の交差点で起きた自動車と歩行者の接触事故について目撃証言を集めています。作業服を着た男性が被害に遭われたんですが、ご存知ですか。
女：はい、よく覚えています。人にぶつかったのに、車の方は立ち去ってしまって、びっくりしました。男性は、無事でしたか。
男：ええ、軽い怪我だけでした。それで、運転手の性別や年齢はわかりますか。
女：男性で30歳前後だったと思います。割と若い方でした。
男：他に何か特徴はありませんでしたか。眼鏡をかけていたとか、髪が短かったとか。
女：めがねはかけていませんでした。スーツを着たビジネスマン風の人でした。
男：わかりました。情報ありがとうございます。

－－－－－－－－－－－－－－－－－－－－－－－－－

問題１３　歩行者はどの人ですか。
問題１４　運転手はどの人ですか。

Ｉを見てください。
女性と男性が話しています。

問題１５　女性はグラフのどこに当てはまりますか。
問題１６　男性はグラフのどこに当てはまりますか。

－－－－－－－－－－－－－－－－－－－－－－－－－

女：今、社内会議用に残業時間削減の資料を作っているんだけど、残業時間のアンケート調査の資料を見てくれる？
男：結構残業してるね、みんな。
女：うん。残業時間削減ってうるさく言われてるけど、定時には帰れてないよね。私は子供がいるから定時で帰らせてもらえているけど、残業している人が多い中、本当に帰りづらいわ。
男：それは仕方ないよ。
女：ありがとう。でも、月平均で45時間以上残業している人が14パーセントもいるわよ。
男：僕も最近は毎月そうだよ。
女：表向きには退社したとしても、家に終わらない仕事を持って帰っている人もいるから、実際はもっと多いわよね。
男：そうそう。それに、会議が入ると仕事に手が回らなくなるし、資料作成にも時間が必要だし。もっと人を入れてほしいな。
女：そうね。でも残業がゼロになるのも困るんじゃない？
男：うん、そうだね。10時間から20時間の間ぐらいがちょうどいいかな。

－－－－－－－－－－－－－－－－－－－－－－－－－

問題１５　女性はグラフのどこに当てはまりますか。
問題１６　男性はグラフのどこに当てはまりますか。

Ｊを見てください。
男性が話しています。

問題１７　中国はどれですか。
問題１８　韓国はどれですか。

－－－－－－－－－－－－－－－－－－－－－－－－－－

男：こちらは、日本、アメリカ、中国、韓国の高校生に自己肯定感について尋ねた結果です。日本の高校生の自己肯定感は過去に比べて改善したものの、依然として各国の中では最も低い数値です。「私は価値のある人間だと思う」という質問に、「そうだ」「まあそうだ」と答えた日本の高校生は44.9パーセントと半数以下だったのに対し、他の３か国はいずれも80パーセント以上でした。また、「人とうまく協力できるほうだ」「つらいことがあっても乗り越えられる」という質問に対しても、日本以外は全て80パーセント以上でした。アメリカは、５つの質問のうち４つで４か国の中で一番数値が高く、中国より低かった質問でも、わずか0.1パーセントの差でした。

－－－－－－－－－－－－－－－－－－－－－－－－－－

問題１７　中国はどれですか。
問題１８　韓国はどれですか。

Ｋを見てください。
女性が話しています。

問題１９　大手企業の昨年冬のボーナス平均額は、い
くらですか。
問題２０　昨年冬のボーナスで最も高額だった業種は、どれですか。

－－－－－－－－－－－－－－－－－－－－－－－－－－

女：経団連は、大手企業20業種、167社の昨年冬のボー
ナス平均額の最終集計を発表しました。これに
ると、去年と比べて6.14パーセント増え、93万485
円で過去最高となりました。90万円を超えたのは
1959年の調査以来初めてのことです。伸び率
1990年以来の高い水準となり、20業種のうち16業
種で前の年を上回りました。製造業は3.6パーセン
ト増え91万4993円で、非製造業は13.54パーセン
増え99万1340円といずれも過去最高でした。金額
が最も大きかったのは建設の159万3228円で、深刻
な人手不足を受け、増加率26.71パーセントの大幅
な伸びです。自動車の99万9968円、機械金属の9
万312円、食品が96万9628円と続きます。最も少な
かったのは印刷の61万7543円で、紙・パルプの6
万6044円、電力が73万9280円でした。経団連は、
今回の平均額について、企業業績の好調が背景
みています。

－－－－－－－－－－－－－－－－－－－－－－－－－－

問題１９　大手企業の昨年冬のボーナス平均額は、い
くらですか。
問題２０　昨年冬のボーナスで最も高額だった業種は、どれですか。

応答問題

例題１　おはようございます。
１　おはようございます。
２　おやすみなさい。
３　さようなら。

例題２　お仕事は？
　　　ー会社員です。
１　私も会社員じゃありません。
２　私も会社員です。
３　私も医者です。
最も良いものは、例題１は１、例題２は２です。ですから、例題１は１、例題２は２を例のようにマークします。

問題２１　まぶしいですね。
１　カーテンを閉めましょう。
２　カーペットを敷きましょう。
３　カバーを外しましょう。

問題２２　就職が決まりました。
１　残念でしたね。
２　おめでとうございます。
３　もう少しですね。

問題２３　朝までテレビをつけたまま寝てたよ。
１　いじわるな性格だね。
２　設備が整っているね。
３　電気代がもったいないね。

問題２４　銀行でお金、下ろして来てくれた？
１　それが、引き出せなかったんです。
２　いいえ、振り出しに戻りました。
３　はい、キャンセルしておきました。

問題２５　お釣りとレシートです。
１　領収書をいただけますか。
２　診断書をいただけますか。
３　履歴書をいただけますか。

問題２６　会議室の座席が余っていますね。
１　すぐにコピーして来ます。
２　何もしゃべりませんね。
３　私が運び出します。

問題２７　部長、クレームのお電話がありました。
　　　ーどんなクレームですか。
１　商品の割引がありがたかったそうです。
２　独特な商品で満足したそうです。
３　商品がすぐに壊れたという苦情です。

問題２８　引っ越しされるそうですね。
１　家族だけです。私は東京にとどまります。
２　用心するに越したことはありません。
３　まだ始まりに過ぎません。

問題２９　期待していますよ。
１　声援を送ります。
２　全力を尽くします。
３　健闘を称えます。

問題３０　スポーツジムに通ってるんですって？
１　ええ、秩序を保つために仕方なく。
２　ええ、任務を果たさなければならないので。
３　ええ、健康維持が目的ですね。

問題３１　お父様に癌が見つかったそうですね。
１　もう手遅れみたいです。
２　手直しが必要です。
３　何かの見間違いでしょう。

問題３２　話を聞いて、彼、何か言ってた？
１　ううん、無言だった。
２　ううん、内緒にしてた。
３　ううん、口が滑ってた。

問題３３　息子さん、家具職人だそうですね。
１　判決が出たばかりです。
２　まだ修行中ですよ。
３　ノルマを達成しました。

問題３４　部長、怒ってましたか。
１　もうがちがちでしたよ。
２　もうがらがらでしたよ。
３　もうかんかんでしたよ。

問題３５　どこ行くの？
１　お使いを頼まれて。
２　若者の活字離れ。
３　小さな惑星に。

問題３６　山田さん、鼻歌歌ってるよ。
１　憂鬱だね。
２　ご愁傷様。
３　ご機嫌だね。

問題３７　事前にあらゆるリスクを洗い出しておきましょう。
１　そうですね。よく拭いておきます。
２　どの洗剤を使いましょうか。
３　リスクマネジメントは不可欠ですからね。

問題３８　今年の新入社員はどうですか。
－うーん。どんぐりの背比べだな。
１　抜きん出た存在はいなさそうですね。
２　先手必勝ってことですね。
３　やり方がフェアじゃないですね。

問題３９　二度とこんなミスはしないように。
１　はい、当てにしています。
２　はい、図星です。
３　はい、肝に銘じます。

問題４０　インフラ整備はほぼ完了ですね。
－これでハード面は整いましたね。
１　ええ、互換性は確認済みです。
２　ええ、マニュアル作成は不可欠ですから。
３　ええ、今後はソフト面の充実も図りましょう。

会話・説明問題

「＊」の部分は録音されていません。

例題

－－－－－－－－－－－－－－－－－－－－－－－－－－－

男：佐藤さん、明日の会議の資料はできましたか。
女：はい、できました。こちらです。
男：じゃ、10部コピーしておいてください。
女：あのう、コピーする前に内容をチェックしていただけないでしょうか。
男：ええ、いいですよ。
女：お願いします。

－－－－－－－－－－－－－－－－－－－－－－－－－－

女性は男性に何をお願いしましたか。
＊１　資料のコピー
＊２　資料のチェック
＊３　資料の作成
最も良いものは２です。ですから、例のように２をマークします。

１　レストランで、女性と男性が話しています。この会話を聞いてください。

－－－－－－－－－－－－－－－－－－－－－－－－－－－－

女：会計は別々にしてもらおう。私のＡランチは、800円で、山本さんのＢランチは750円ね。

男：あ、財布持って来るの忘れた。会社に戻ったらすぐお金返すから、ランチ代貸してくれる？

女：うん、いいよ。じゃ、まとめて払っとくね。

男：ありがとう。

－－－－－－－－－－－－－－－－－－－－－－－－－－－－

問題４１　女性は、このあとどうしますか。

＊１　男の人にお金を借りる。

＊２　自分の分のランチ代を払う。

＊３　二人分のランチ代を払う。

問題４２　男性は、このあとどうしますか。

＊１　会社に戻ってから女の人にお金を返す。

＊２　財布を取りに会社に戻る。

＊３　女の人のランチ代を出してあげる。

２　男性と女性の会話を聞いてください。

－－－－－－－－－－－－－－－－－－－－－－－－－－－－

男：あれ、中村さん、お酒飲まないんでしたっけ。

女：いえ、飲めるんですが、今日はちょっと…。

男：体の調子でも悪いんですか。

女：調子が悪いっていうか、今、花粉症の薬を飲んでいるから、お酒を飲まないように医者に言われてるんですよ。

男：あー、花粉症なんですね。辛いですね。

女：この季節は本当に辛いんですよ。目はかゆいし、鼻水は止まらないし、洗濯物も外に干せませんからね。今日も部屋干ししてきました。

男：え、こんなにいい天気なのに。

女：いい天気だから干せないんですよ。花粉がたくさん飛んでいるから洗濯物に花粉がついちゃうんです。

男：大変ですね。じゃ、この季節は布団も外には干せないんですか。

女：もちろんですよ。全部布団乾燥機で乾燥させています。

男：そうですか。

－－－－－－－－－－－－－－－－－－－－－－－－－－－－

問題４３　女性がお酒を飲まない理由は何ですか。

＊１　お酒を飲めない体質だから

＊２　花粉症の薬を飲んでいるから

＊３　体調が悪かったから

問題４４　女性について、会話の内容と合っているのはどれですか。

＊１　布団乾燥機を利用している。

＊２　天気のいい日は洗濯をしない。

＊３　洗濯物が風で飛んだ。

３　会社で女性と男性が話しています。この会話を聞いてください。

－－－－－－－－－－－－－－－－－－－－－－－－－－－－－

女：山本さん。出張計画書を見たんですが、移動のレンタカーを頼んでいないようですね。

男：はい。小島係長がレンタカーを頼むより、タクシーを拾って移動したほうが、効率的なんじゃないかっておっしゃったものですから。

女：小島係長が？　それで山本さんもそう思うわけ？

男：ええと、まあ、そういうこともあるのかと思いまして、そのように計画してみました。

女：視察と交渉は小島係長がメインで行いますが、準備や出張に同行してのサポート全般は山本さんの責任で行うことは理解していますよね。

男：はい。承知しております。

女：タクシーは捕まえられない場合もあるでしょう。時間のロスや費用について、実際の状況を想定しましたか。

男：申し訳ありません。すぐにシミュレーションして比較検討します。

女：そうしてください。何時までにできますか。

男：１時間以内に報告いたします。

－－－－－－－－－－－－－－－－－－－－－－－－－－－－－

問題４５　女性は何が問題だと言っていますか。

＊１　書類の提出が遅いこと

＊２　予測が具体的ではないこと

＊３　費用がかかりすぎること

問題４６　男性はこのあとまず何をしますか。

＊１　出張先での移動手段の検討

＊２　タクシーの予約手配

＊３　出張報告書の作成

４　女性の話を聞いてください。

－－－－－－－－－－－－－－－－－－－－－－－－－－－－－

女：当社では、４月から育児休業や産前産後休業から復帰する社員が希望する勤務地を選べるという制度を導入しています。今までのルールでは、休業前の職場に復帰することになっていましたが、「配偶者と別居しているので同居したい」「実家の近くで復職したい」などといった社員の要望を受け、新制度を作りました。配偶者との同居や親族の助けを受けやすい場所での復帰を認めることで、育児と両立しやすい環境づくりを目指していきます。対象は、勤続３年以上、休業期間が６か月以上の総合職の社員で、地域の希望は都道府県単位で受け付けています。復帰場所が事前にわかると保育園などの確保に向けて早く取り組めるので社員からは好評です。

－－－－－－－－－－－－－－－－－－－－－－－－－－－－－

問題４７　どんな制度が導入されましたか。

＊１　復職時の勤務地が選べる。

＊２　休業期間を自由に設定できる。

＊３　休業前の職場に復帰できる。

問題４８　対象者について、話の内容と合っているのはどれですか。

＊１　一般職社員のみ対象となる。

＊２　休業期間に関係なく対象となる。

＊３　勤続年数によって対象となる。

問題４９　話の内容と合っているのはどれですか。

＊１　企業内保育所の設置をすすめている。

＊２　新制度は社員の要望を受けて導入された。

＊３　出産を機に退職する社員が多いため新制度ができた。

5　ラジオで男性と女性が話しています。この会話を聞いてください。

－－－－－－－－－－－－－－－－－－－－－－－－－－－－

男：前回、クラッシャー上司がどんな上司であるか伺いましたが、今回はクラッシャー上司への対処法を教えていただきたいと思います。

女：わかりました。まず、クラッシャー上司の特徴には、部下を精神的につぶしながら出世する、自分は正しいとの確信を持っている、精神的に参っている部下の気持ちがわからない、という点がございましたね。

男：ええ、そうでしたね。肉体的にも精神的にもぼろぼろになって出社できなくなった部下の話はかなり印象に残っています。

女：では、なぜクラッシャー上司は暴れるのでしょうか。そのキーワードは「未熟さ」です。クラッシャー上司は仕事ができるので部下達は圧倒されがちですが、実は情緒不安定で、赤ん坊のように泣きわめけば欲しいものが手に入ると思っているんです。偉そうで自信満々に見えても、実は臆病で不安と焦燥感にいつも駆られている、そう思うと気は楽になるのではないでしょうか。

男：なるほど。何だか気の毒にさえ思えてきました。

女：はは。クラッシャー上司は頭はいいので、言っている内容自体は理にかなっていることが多いです。ですから、「アドバイスありがとうございます」と形式的にお礼を言っておきましょう。心から感謝する必要はありませんよ。そうすることで、つぶされずにやり過ごすことができると思います。

－－－－－－－－－－－－－－－－－－－－－－－－－－－－

問題５０　前回はどんな話をしましたか。

＊１　クラッシャー上司につぶされた部下の話

＊２　クラッシャー上司にならないための方法

＊３　クラッシャー上司の外見的特徴

問題５１　クラッシャー上司の未熟さについて、どう言っていますか。

＊１　他人に厳しく自分に甘い。

＊２　自分のミスを認められない。

＊３　情緒が不安定である。

問題５２　クラッシャー上司への対処法について、会話の内容と合っているのはどれですか。

＊１　同情して話を聞いてあげるのがいい。

＊２　真に受けずにやり過ごすのがいい。

＊３　尊敬すべき点だけを参考にするのがいい。

6　男性の話を聞いてください。

－－－－－－－－－－－－－－－－－－－－－－－－－－－－

男：世界的に需要の拡大がみられるコーヒーですが、日本、アメリカ、ヨーロッパ、日米欧のコーヒー消費量は、世界のそれの約５割を占めています。しかしながら、そのシェアは低下傾向にあります。対照的に消費が急増し、シェアを伸ばしているのが人口増加と経済成長が続く東南アジアや中南米のコーヒー生産国です。アメリカの農務省によると、2018年から19年度の日米欧の合計消費量は、60キログラムの袋、8086万１千袋分で、過去５年で10パーセント増える見通しである一方、主要９生産国、ブラジル、ベトナム、コロンビア、インドネシア、フィリピン、エチオピア、インド、中国、メキシコの合計消費量は、4863万５千袋と５年で25パーセント増え、そのシェアは27パーセントから30パーセントに伸びる見通しです。５年間の消費量伸び率は、インドネシアで53パーセント、中国では93パーセントにまで達しています。ブラジルの豊作などで2018年から19年度の世界のコーヒー豆生産量は過去最大となると予測されており、国際価格は安値圏で推移し、一部の中南米産地では、コーヒー栽培への転作も進んでいます。長期的には旺盛な需要を生産が賄えるかが課題となりそうです。

－－－－－－－－－－－－－－－－－－－－－－－－－－－－

問題５３　コーヒーの消費量について、話の内容と合っているのはどれですか。

＊１　日米欧の消費量が減少している。

＊２　主産国の消費量が増加している。

＊３　日米欧と主産国の消費量が逆転した。

問題５４　2018年から2019年度のコーヒー豆の生産量は、どうなると言っていますか。

＊１　需要に追いつかなそうだ。

＊２　前年より減りそうだ。

＊３　過去最大となりそうだ。

問題５５　話の内容と合っているのはどれですか。

＊１　コーヒーの国際価格が上昇している。

＊２　ブラジルからのコーヒーの輸入は減る見込みだ。

＊３　コーヒーの消費量のシェアは、日米欧で約半分だ。

これで聴解試験を終わります。

第2回 J.TEST実用日本語検定（A-Cレベル）

正解とスクリプト

■ 読解・記述問題　500点

《 文法語彙問題 》各５点(200点)				《 読解問題 》各６点(120点)		《 漢字問題Ａ 》各４点(60点)	
1) 4	11) 1	21) 4	31) 2	41) 4	51) 4	61) 4	71) 2
2) 2	12) 2	22) 2	32) 1	42) 2	52) 4	62) 2	72) 1
3) 4	13) 4	23) 4	33) 4	43) 2	53) 2	63) 2	73) 4
4) 4	14) 3	24) 3	34) 2	44) 4	54) 4	64) 2	74) 3
5) 1	15) 4	25) 3	35) 3	45) 1	55) 2	65) 3	75) 2
6) 2	16) 2	26) 1	36) 1	46) 1	56) 1	66) 3	
7) 2	17) 1	27) 2	37) 3	47) 4	57) 3	67) 1	
8) 3	18) 2	28) 4	38) 3	48) 1	58) 4	68) 4	
9) 4	19) 3	29) 1	39) 1	49) 1	59) 3	69) 2	
10) 1	20) 4	30) 1	40) 3	50) 3	60) 4	70) 2	

《 漢字問題Ｂ 》各４点(60点)　＊漢字問題Ａ＋Ｂ＝計120点

76) ひかり　77) けさ　78) うたが　79) みと
80) しょうじき　81) せいとう　82) かてい　83) ないぞう
84) とおまわ　85) たいのう　86) ただ　87) けんか
88) しんちょく　89) じゅんしゅ　90) ばっさい

解答例　《 記述問題Ａ 》各６点(30点)　＊(Ａ)と（Ｂ)が両方正解で６点。部分点はありません。

91)(Ａ) あります　(Ｂ) 行かない
92)(Ａ) 直す　(Ｂ) かかり
93)(Ａ) サッカー　(Ｂ) 見る
94)(Ａ) 押す　(Ｂ) し
95)(Ａ) ない　(Ｂ) 白

解答例　《 記述問題Ｂ 》各６点(30点)　＊部分点はありません。　＊記述問題Ａ＋Ｂ＝計60点

96) ここに荷物を置いても
97) アルバイトをしながら
98) 緊張で胸がどきどきして
99) 車で来たのでお酒を飲む
100) ２時間も延びたせいで

■ 聴解問題　500点

《写真問題》各５点(50点)	《聴読解問題》各10点(100点)	《 応答問題 》各10点(200点)		《 会話・説明問題 》各10点(150点)	
1) 3	11) 2	21) 3	31) 1	41) 2	51) 3
2) 4	12) 4	22) 2	32) 1	42) 1	52) 1
3) 1	13) 2	23) 1	33) 3	43) 2	53) 3
4) 4	14) 3	24) 2	34) 3	44) 3	54) 2
5) 2	15) 4	25) 1	35) 3	45) 1	55) 1
6) 2	16) 2	26) 1	36) 2	46) 2	
7) 3	17) 4	27) 2	37) 2	47) 1	
8) 4	18) 2	28) 1	38) 1	48) 3	
9) 1	19) 1	29) 3	39) 2	49) 1	
10) 3	20) 3	30) 3	40) 3	50) 1	

第２回 A-Cレベル 聴解スクリプト

写真問題

例題の写真を見てください。
例題１　これは何ですか。
１　コップです。
２　いすです。
３　ノートです。
４　カメラです。

例題２　これで何をしますか。
１　すわります。
２　字を書きます。
３　水を飲みます。
４　写真をとります。
最も良いものは、例題１は１、例題２は３です。ですから、例題１は１、例題２は３を例のようにマークします。

Ａの写真を見てください。
問題１　誰がいますか。
１　老人です。
２　赤ちゃんです。
３　少年です。
４　お嬢さんです。

問題２　何をしていますか。
１　居眠りです。
２　演奏です。
３　柔道です。
４　読書です。

Ｂの写真を見てください。
問題３　何をしていますか。
１　りんごの丸かじりです。
２　りんごの千切りです。
３　りんごの収穫です。
４　りんごの処分です。

問題４　正しい説明はどれですか。
１　額を出しています。
２　目を見開いています。
３　手を貸しています。
４　皮ごと食べています。

Ｃの写真を見てください。
問題５　どんな場所ですか。
１　商業施設です。
２　住宅街です。
３　紛争地帯です。
４　空き地です。

問題６　正しい説明はどれですか。
１　人通りが多いです。
２　道幅が広いです。
３　傾斜が急です。
４　立派な門構えです。

Ｄの写真を見てください。
問題７　手前の女性は何をしていますか。
１　脱退です。
２　設立です。
３　挙手です。
４　合併です。

問題８　どんな時、これをしますか。
１　昇格が決まった時です。
２　申請が必要な時です。
３　妥協する時です。
４　発言したい時です。

Ｅの写真を見てください。
問題９　部長に質問があります。こんな時、何と言いますか。
１　部長、伺いたいことがあるんですが。
２　部長、おっしゃいたいことがあるんですが。
３　部長、お聞きになりたいのですが。
４　部長、尋ねていただきたいのですが。

Ｆの写真を見てください。
問題１０　忘れていたことを謝ります。こんな時、何と言いますか。
１　大変失礼いたしました。どうぞお構いなく。
２　恐れ入りますが、ご放念ください。
３　失念しておりました。申し訳ございません。
４　紛失してしまいました。お詫び申し上げます。

聴読解問題

例題を見てください。男性と女性が、会社のロゴの位置について話しています。

例題１　男性はどの位置がいいと言っていますか。
例題２　女性はどの位置がいいと言っていますか。

－－－－－－－－－－－－－－－－－－－－－－－

男：名刺のデザインを変えるんだけど、会社のロゴの位置はどこがいいと思う？
女：住所の前がいいんじゃない？
男：うーん、でも、それじゃあ目立たないよ。会社名の前に大きく入れたら、どう？
女：えー、ロゴは控えめに、住所の前にあるほうがいいわよ。

－－－－－－－－－－－－－－－－－－－－－－－

例題１　男性はどの位置がいいと言っていますか。
例題２　女性はどの位置がいいと言っていますか。

最も良いものは、例題１は２、例題２は３です。ですから、例題１は２、例題２は３を例のようにマークします。

Ｇを見てください。
会社で、男性と女性が話しています。

問題１１　男性は最初、佐藤社長をどの席にしていましたか。
問題１２　女性は、どこに座りますか。

－－－－－－－－－－－－－－－－－－－－－－－－－

男：宴会の座席表、これでいいかな？
女：佐藤社長は一番上座にしないといけないんじゃない？
男：うん。だから入口から一番遠い席にしたんだけど。
女：一般的にはそうだけど、和室の場合は床の間があるほうの中央が上座なんだよ。
男：あ、そうなの？　じゃ、ここが佐藤社長で、その正面がうちの課長ね。
女：私は課長の隣にしといて。
男：わかった。僕は一番下座ね。

－－－－－－－－－－－－－－－－－－－－－－－－－

問題１１　男性は最初、佐藤社長をどの席にしていましたか。
問題１２　女性は、どこに座りますか。

Ｈを見てください。
女性と男性が話しています。

問題１３　男性の友人はどの理由に当てはまりますか。

問題１４　女性が共感する理由はどれですか。

－－－－－－－－－－－－－－－－－－－－－－－－－－

女：昨日テレビでやっていたネットカフェ難民の特集を見たんだけど、東京都内のインターネットカフェで寝泊まりしている人が１日当たり約4000人いるんだって。98パーセントが男性で、年代は30代が一番多いみたい。

男：30代男性？　他人事ではないね。

女：住む家を失った理由の半数が、失業や退職で、仕事を辞めた後は不安定な仕事に就く人が多いそうよ。

男：僕の友達でも一時期ネットカフェに寝泊まりしていた人がいて、彼は仕事を辞めて会社の寮を出たのがきっかけだったらしい。

女：仕事以外の理由では、家族との関係悪化や借金トラブルなんだって。もし私がネットカフェに寝泊まりするとしたら、家族との関係悪化が原因になりそうだから共感を覚えるわね。

男：ご主人とうまくいってないの？

女：今は大丈夫。でも帰る実家ももうないし、仕事もパートだし、不安だなあ。

－－－－－－－－－－－－－－－－－－－－－－－－－－

問題１３　男性の友人はどの理由に当てはまりますか。

問題１４　女性が共感する理由はどれですか。

Ｉを見てください。
大学の教授と女性が話しています。

問題１５　教授が学生に勧めている留学期間は、どれですか。

問題１６　教授の学生が今行っている留学期間は、どれですか。

－－－－－－－－－－－－－－－－－－－－－－－－－－

男：新聞社の調査によると、大学生の留学期間は、２週間未満が29パーセント、２週間から１か月未満が34パーセントで、１か月未満という人が３分の２を占めているそうです。

女：短いですね。

男：ええ、私も同感です。留学というからには半年以上は行くべきだと思います。ですから私のゼミの学生にもそう勧めています。

女：先生の学生さん達は、長期留学する人が多いんですか。

男：いえ。それが「就職活動が心配だから」「費用がかかるから」と言って、長期留学には消極的なんです。

女：そうなんですか。

男：大学側も学生のニーズに合わせ、１か月未満の短期留学プログラムを充実させています。なかなか興味深い内容になってはいるんですが、やはり短すぎですね。

女：短期留学が長期留学のきっかけになることもあるのではないでしょうか。

男：そうですね。実は今、ゼミ生で３週間の短期留学に行っている学生が一人いるんです。

女：３週間では短いと思っているかもしれませんよ。

男：ええ。帰国したら、どんな経験をして何を思ったか、話を聞いてみたいと思います。

－－－－－－－－－－－－－－－－－－－－－－－－－－

問題１５　教授が学生に勧めている留学期間は、どれですか。

問題１６　教授の学生が今行っている留学期間は、どれですか。

Ｊを見てください。
会社で産業カウンセラーと女性が話しています。

問題１７　女性がやっていることはどれですか。
問題１８　女性がこれからやろうとすることはどれですか。

－－－－－－－－－－－－－－－－－－－－－－－－－

男：どうしましたか。
女：自分では特に自覚がないのですが、課長にカウンセリングを受けて来いと言われたものですから…。
男：そうですか。お仕事内容は？
女：営業です。最近、ミスが多くて取引先から怒られることが多々あるんですが、それは自分の責任ですし。
男：ミスが多いのは、ストレスが溜まって心身の不調を招いているからかもしれませんね。あなたの上司は、その異変に気付いて心配しているのでしょう。
女：ストレスですか…。
男：私が推奨するストレス解消法はこちらです。どれか実践できていることはありますか。
女：うーん。笑顔だけですね。営業職なので、笑顔は心掛けています。
男：それはいいことです。ストレスの軽減に役立っていると思いますよ。
女：でも他は、運動してないし、食事も一人でコンビニ弁当だし、旅行も行ってないし…。私、最近異動で引っ越してきたので、こっちに友達もいなくて…。
男：そうですか。ではまず一人でもできることから試してみませんか。例えばウォーキングですとか。
女：毎日ヘトヘトなので余裕ないですね。
男：そうですか。では呼吸から。息を吸ってお腹をふくらませ、吐いて凹ませて。
女：それなら仕事中でもできますね。やってみます。

－－－－－－－－－－－－－－－－－－－－－－－－－

問題１７　女性がやっていることはどれですか。
問題１８　女性がこれからやろうとすることはどれですか。

Ｋを見てください。
女性が話しています。

問題１９　NLPの手法で必要な感覚は何ですか。
問題２０　ゆっくり丁寧に説明するのが効果的なのはどのタイプですか。

－－－－－－－－－－－－－－－－－－－－－－－－－

女：WEBマーケティングやWEB広告で成果を上げるために効果的な手法があります。NLP、神経言語プログラミングといって、人の思考が五感のうち特に視覚、聴覚、触覚のどの感覚を最も優先しているかを推し量り、その感覚に訴えることで相手の理解度を高めたり、感動を与えたりしてコミュニケーションを円滑にするというものです。WEBサイトのユーザー層によって使い分ける必要があるんですが、例えば、「海」をイメージするとき、視覚タイプは主に青い海や白い波、聴覚タイプは波や風の音、触覚タイプは体に当たる風を思い出します。では、それぞれのタイプにどのようなアプローチが効果的なのでしょうか。視覚タイプの人はグラフや絵、写真などを多用すると効果的で、聴覚タイプは理論的で１つ１つの言葉選びが重要、そして触覚タイプは直感的でゆっくり丁寧に説明を受けると印象に残りやすいとされています。商品がターゲットの心に強く印象付けられれば、成果を上げることにつながるでしょう。

－－－－－－－－－－－－－－－－－－－－－－－－－

問題１９　NLPの手法で必要な感覚は何ですか。
問題２０　ゆっくり丁寧に説明するのが効果的なのはどのタイプですか。

応答問題

例題１　おはようございます。
1　おはようございます。
2　おやすみなさい。
3　さようなら。

例題２　お仕事は？
　　　ー会社員です。
1　私も会社員じゃありません。
2　私も会社員です。
3　私も医者です。

最も良いものは、例題１は１、例題２は２です。ですから、例題１は１、例題２は２を例のようにマークします。

問題２１　休憩は取りましたか。
1　持っていますよ。
2　はい、あります。
3　いいえ、まだです。

問題２２　小銭ある？
1　うん、今暇だよ。
2　千円札しかない。
3　測ってみるね。

問題２３　メールがまだ届いてないんですが…。
1　至急送ります。
2　先ほど合図を送りました。
3　返却を忘れておりました。

問題２４　資料の印刷をお願いします。
　　　ー両面印刷しますか。
1　はい、両方揃えてください。
2　いいえ、片面でお願いします。
3　はい、片側です。

問題２５　この服、ぶかぶか。
1　サイズが合ってないね。
2　太ったんでしょう。
3　試着してみたら？

問題２６　気が散って勉強できないよ。
1　テレビ、消そうか。
2　電気、つけようか。
3　部屋、散らかそうか。

問題２７　あ、しまった！
1　よかったですね。
2　どうしたんですか。
3　開けましょうか。

問題２８　お仕事は順調ですか。
1　自分なりに頑張っています。
2　いいえ、サービス業です。
3　順位はつけられません。

問題２９　どんな映画を見ますか。
1　どんなディスプレイでも見られますよ。
2　どんなツールでも大丈夫ですよ。
3　どんなジャンルでも好きですよ。

問題３０　山田さん、また遅れたんだって？
1　インパクトに欠けるよね。
2　ロマンチックな人だよね。
3　ほんとルーズだよね。

問題３１　全部本物でしょうか。
1　偽物も混じっているようです。
2　被害者がいるそうです。
3　行方不明になっています。

問題３２　何だかだるいな。
1　大丈夫？　休んだら？
2　え？　清潔だよ。
3　うん、いさましいね。

問題３３　こちらのコートはお取り寄せになります。
　　　ーどのくらいかかりますか。
1　ハンガーにかかっております。
2　来週月曜日にお目にかかります。
3　３日ほどかかります。

問題３４　前例にのっとってやるつもりです。
1　それは思い切った考えですね。
2　新しい試みをするんですね。
3　それが無難でしょうね。

問題３５　これは男性用ですか。
1　セクハラですよ。
2　レディーファーストですよ。
3　男女兼用ですよ。

問題３６　田中さんって、本当に顔が広いですよね。
1　ええ、彼の功績は大きいですよね。
2　ゴルフで人脈を作るそうですよ。
3　お繋ぎしましょうか。

問題３７　彼は八方美人な感じがしますね。
1　なかなかハンサムですよね。
2　誰にでもいい顔をしますね。
3　かなりの面食いですね。

問題３８　あの製品、製造中止になったんですね。
　　　　ーええ、売れ行きが鈍ってましたから。
1　やむを得ませんね。
2　製造が間に合わないんでしょう。
3　高くつきますね。

問題３９　これで前回のミスも帳消しだよ。
1　取り返しがつかないね。
2　挽回ってわけだね。
3　まだ残しておいてよ。

問題４０　今日接客したお客様が気難しくて。
1　無事に帰られました。
2　いつでもいらしてください。
3　何事も経験だよ。

会話・説明問題

「＊」の部分は録音されていません。

例題

ーーーーーーーーーーーーーーーーーーーーーーーーー

男：佐藤さん、明日の会議の資料はできましたか。
女：はい、できました。こちらです。
男：じゃ、10部コピーしておいてください。
女：あのう、コピーする前に内容をチェックしていただけないでしょうか。
男：ええ、いいですよ。
女：お願いします。

ーーーーーーーーーーーーーーーーーーーーーーーーー

女性は男性に何をお願いしましたか。
＊１　資料のコピー
＊２　資料のチェック
＊３　資料の作成
最も良いものは２です。ですから、例のように２をマークします。

１　会社で、女性と男性が話しています。この会話を聞いてください。

－－－－－－－－－－－－－－－－－－－－－－－－－－－－

女：今、どのくらい終わった？
男：まだ半分です。
女：その作業、何時から始めたっけ？
男：２時からです。
女：１時間作業して半分か…。じゃ、全部終わるのは４時になっちゃうね。一人、応援を呼ぶからあと30分で終わらせて。
男：はい、わかりました。

－－－－－－－－－－－－－－－－－－－－－－－－－－－－

問題４１　今、何時ですか。
＊１　２時
＊２　３時
＊３　４時

問題４２　男性は、このあとどうしますか。
＊１　二人で作業をする。
＊２　他の人に作業をお願いして他の仕事をする。
＊３　女性の仕事を手伝う。

２　男性と女性の会話を聞いてください。

－－－－－－－－－－－－－－－－－－－－－－－－－－－－

男：伊藤さん、印象に残っている先生っている？
女：うん。書道教室の先生。
男：どんな先生だったの？
女：一言で言えば、個性を大切にしてくれた先生かな。
男：へえ。
女：同じ教室に通ってた田中君って子がとても上手で、それで先生に、彼はどうやって上達したのか聞いてみたの。そしたら先生が書いたお手本を紙の下に敷いて、上から写して練習しているって教えてくれたんだ。
男：ふーん。伊藤さんもその方法を試してみたの？
女：ううん、先生に止められた。私がその方法をすると書いた字の活気がなくなっちゃうからって。私の字は元気さと勢いが魅力だから、正確に真似しようとしなくていいって。
男：ああ、なるほど。伊藤さんの字、伸び伸びしてるもんね。
女：ふふ。田中君はきちんと美しく書くことが彼の良さで、私の場合は勢いと活気。子供の頃に一人一人に合う方法を教えてくれる先生に出会えて、私は幸せだったと思うわ。

－－－－－－－－－－－－－－－－－－－－－－－－－－－－

問題４３　田中君について、会話の内容と合っているのはどれですか。
＊１　伊藤さんの真似をするのが上手だった。
＊２　先生の手本を写して練習していた。
＊３　なかなか書道が上達しなかった。

問題４４　女性について、会話の内容と合っているのはどれですか。
＊１　練習方法に関して先生に叱られたことがある。
＊２　きっちりとした美しい字を書いている。
＊３　個性を大切にしてくれた先生が印象に残っている。

３　女性と男性の会話を聞いてください。

－－－－－－－－－－－－－－－－－－－－－－－－－－－

女：政府が企業の地方移転を推進していますが、現状はどのようになっているでしょうか。

男：移転した企業へ税の軽減を行うなどの政策を取っていますがあまりうまくいっていないですね。

女：その理由としてどのようなことが考えられますか。

男：移転費用なども問題ですが、ここまでIT化が進んでもなお、会って話すということの重要性がビジネスの現場から消えていないようです。

女：なるほど。そもそも地方を元気にしようということで始まった政策ですが、こういった政策は意味があるとお考えですか。

男：ええ、人材が都市部に吸いとられるという構造は、どこかで終わらせなければならないと感じています。

－－－－－－－－－－－－－－－－－－－－－－－－－－－

問題４５　政府は企業の地方移転をどのように支援していますか。

＊１　税金を安くする。
＊２　移転の費用を出す。
＊３　人材を紹介する。

問題４６　政府が地方移転を推進する理由は何ですか。

＊１　労働効率を改善するため
＊２　地方を活性化するため
＊３　都市部の人口集中を解消するため

４　男性と女性の会話を聞いてください。

－－－－－－－－－－－－－－－－－－－－－－－－－－－

男：浅田さん、サマータイムという言葉を聞いたことがありますか。

女：日の出の時刻が早まる夏の時期に時計の針を進めて、太陽の出ている時間を有効に利用する、という制度ですよね。

男：ええ。欧米では取り入れている国も多いようですが、どう思いますか。

女：いいんじゃないでしょうか。明るい時間を有効に使えば照明の節約になりますし、日の出とともに起きるというのは、生き物にとって理想の生活ですよね。私は早起き得意ですし、仕事後に外が明るければ大好きなテニスやゴルフを楽しめそうですし。

男：うーん、僕は反対なんですよね。起きる時間が早くなったり、体が慣れたころに夏時間が終わって元の生活に戻ったりすると体調を崩しそうです。実際、ヨーロッパでも最近は健康面での心配から、サマータイムの廃止を求める声が広がっているそうですよ。

女：そうなんですか。

男：それに、サマータイムを取り入れるには様々なコンピューターシステムを更新する必要があるでしょう。手間や費用も相当掛かりますよ。

女：ああ、そうですね。

男：ま、僕は早起きが苦手というのが、一番の反対理由なんですけどね。

－－－－－－－－－－－－－－－－－－－－－－－－－－－

問題４７　女性はサマータイムに賛成ですか、反対ですか。

＊１　賛成
＊２　反対
＊３　どちらとも言えない

問題４８　男性がサマータイムに反対する理由に当てはまらないものはどれですか。

＊１　健康を害する恐れがあるから
＊２　コンピューターシステムの更新に手間や費用が掛かるから
＊３　夜遅くまで起きていたいから

問題４９　会話の内容と合っているのはどれですか。

＊１　女性はサマータイム制度を知っていた。
＊２　女性は朝スポーツを楽しみたいと思っている。
＊３　男性はサマータイムがある国に住んでいた。

5　女性の話を聞いてください。

－－－－－－－－－－－－－－－－－－－－－－－－－－－

女：10月17日から全国で始まる「薬と健康の週間」の一環として、東京都では「お薬講座」を開催します。この機会に、薬を飲む目的や、薬との付き合い方を見つめ直してみませんか。講座では自分に合った薬の使い方や薬局の活用法などについて、薬剤師がわかりやすく解説します。開催場所は健康安全研究センター、日時は10月18日午後２時から２時間を予定しています。参加は無料、対象は都内在住あるいは都内在勤の18歳以上の方です。ご希望の方は往復はがき、または東京都のホームページからお申し込みください。締め切りは10月３日です。はがきは当日消印有効とさせていただきます。希望者多数の場合は抽選となります。たくさんのご応募をお待ちしています。

－－－－－－－－－－－－－－－－－－－－－－－－－－－

問題５０　何について話していますか。

＊１　薬がテーマの講習会

＊２　薬剤師対象の研修会

＊３　薬剤師の募集

問題５１　参加資格について、話の内容と合っているのはどれですか。

＊１　薬剤師のみ参加できる。

＊２　都内に住んでいない人は参加できない。

＊３　18歳未満は参加できない。

問題５２　話の内容と合っているのはどれですか。

＊１　参加費はかからない。

＊２　10月18日までに申し込む。

＊３　参加者は先着順で決まる。

６　男性の話を聞いてください。

－－－－－－－－－－－－－－－－－－－－－－－－－－－

男：日本では、シングルマザーの貧困が問題になっています。2017年の厚生労働省の調査によると、シングルマザーの平均年収は223万円です。５割以上が非正規雇用で、貧困率は６割に上ります。これは、女性の賃金そのものが安いことと関係しています。日本では、年収200万円以下で働く女性の割合が４割を超えています。特に子育て中の女性の賃金は男性より６割も低いのです。日本では「男性が稼ぎ、女性が家事と育児をする」というシステムが根強いからでしょう。子育て中の女性には賃金の安い非正規の仕事以外は見つけにくい傾向があります。そのなかでシングルマザーは子供を育てるために収入を得なければなりません。相談窓口を設けて就労支援を行う自治体も増えていますが、家事育児と仕事の両立で忙しいシングルマザーにはあまり認知されていません。まずは、これらの認知度を上げていくことから始めなければいけないでしょう。

－－－－－－－－－－－－－－－－－－－－－－－－－－－

問題５３　日本のシングルマザーについて、話の内容と合っているのはどれですか。

＊１　平均年収が200万円以下だ。

＊２　賃金が男性の６割だ。

＊３　半数以上が非正規雇用だ。

問題５４　シングルマザーの貧困について、何が原因だと言っていますか。

＊１　自治体の就労支援が少ないこと

＊２　子育て中の女性の賃金が安いこと

＊３　家事育児と仕事の両立が難しいこと

問題５５　シングルマザーの貧困について、どのような対策が必要だと言っていますか。

＊１　シングルマザーへの就労支援についての周知

＊２　育児と仕事の両立についての相談窓口の増設

＊３　シングルマザーの就労支援の強化

これで聴解試験を終わります。

第3回 J.TEST実用日本語検定 （A-Cレベル）

正解とスクリプト

■ 読解・記述問題 500点

《 文法語彙問題 》各５点（200点）				《 読解問題 》各６点（120点）		《 漢字問題Ａ 》各４点（60点）	
1) 3	11) 4	21) 2	31) 2	41) 3	51) 1	61) 1	71) 4
2) 1	12) 4	22) 3	32) 2	42) 3	52) 4	62) 3	72) 2
3) 4	13) 1	23) 2	33) 1	43) 4	53) 4	63) 1	73) 4
4) 1	14) 2	24) 4	34) 2	44) 3	54) 1	64) 4	74) 2
5) 1	15) 1	25) 2	35) 4	45) 2	55) 4	65) 3	75) 3
6) 4	16) 1	26) 1	36) 3	46) 3	56) 3	66) 2	
7) 2	17) 4	27) 3	37) 4	47) 2	57) 1	67) 1	
8) 1	18) 1	28) 3	38) 1	48) 1	58) 4	68) 2	
9) 3	19) 2	29) 4	39) 4	49) 2	59) 3	69) 4	
10) 3	20) 3	30) 2	40) 1	50) 3	60) 2	70) 2	

《 漢字問題Ｂ 》各４点（60点）　*漢字問題Ａ＋Ｂ＝計120点

76) しょくぶつ	80) おんせん	84) せんい	88) えんてんか
77) かぞ	81) なか	85) てちょう	89) こうおつ
78) なみ	82) よくじつ	86) となり	90) ちゅうしゅつ
79) かいぜん	83) かんげい	87) たいよ	

解答例　《 記述問題Ａ 》各６点（30点）　*（Ａ）と（Ｂ）が両方正解で６点。部分点はありません。

91)（Ａ）すれ	（Ｂ）する
92)（Ａ）来る	（Ｂ）予約して
93)（Ａ）笑って	（Ｂ）通じない
94)（Ａ）窓	（Ｂ）ふり
95)（Ａ）風邪	（Ｂ）寝よう

解答例　《 記述問題Ｂ 》各６点（30点）　*部分点はありません。　*記述問題Ａ＋Ｂ＝計60点

96) 英語を日本語に翻訳して
97) 先週から今週にかけて
98) ついでに手紙を出して
99) 足の不自由な人に
100) わかりかねますので担当の者を

■ 聴解問題 500点

《写真問題》各５点（50点）	《聴読解問題》各10点（100点）	《 応答問題 》各10点（200点）		《 会話・説明問題 》各10点（150点）	
1) 1	11) 1	21) 2	31) 2	41) 2	51) 1
2) 1	12) 4	22) 1	32) 2	42) 1	52) 2
3) 3	13) 3	23) 3	33) 1	43) 3	53) 3
4) 4	14) 2	24) 1	34) 1	44) 2	54) 3
5) 4	15) 2	25) 2	35) 3	45) 3	55) 2
6) 2	16) 3	26) 2	36) 1	46) 1	
7) 2	17) 1	27) 3	37) 1	47) 3	
8) 3	18) 4	28) 2	38) 3	48) 1	
9) 4	19) 1	29) 2	39) 3	49) 2	
10) 3	20) 3	30) 1	40) 2	50) 3	

第３回 A-Cレベル 聴解スクリプト

写真問題

例題の写真を見てください。
例題１　これは何ですか。
1　コップです。
2　いすです。
3　ノートです。
4　カメラです。

例題２　これで何をしますか。
1　すわります。
2　字を書きます。
3　水を飲みます。
4　写真をとります。
最も良いものは、例題１は１、例題２は３です。ですから、例題１は１、例題２は３を例のようにマークします。

Ａの写真を見てください。
問題１　ここはどこですか。
1　停留所です。
2　ターミナルビルです。
3　踏切です。
4　税関です。

問題２　正しい説明はどれですか。
1　バスが停車しています。
2　植木がありません。
3　乗客が列になっています。
4　混雑しています。

Ｂの写真を見てください。
問題３　何をしていますか。
1　分析です。
2　測定です。
3　面接です。
4　転勤です。

問題４　何のためにしますか。
1　部下の説得です。
2　シフトの調整です。
3　担当の変更です。
4　社員の採用です。

Ｃの写真を見てください。
問題５　何をしていますか。
1　壁に立ち向かっています。
2　壁を乗り越えています。
3　壁を見極めています。
4　壁に寄りかかっています。

問題６　正しい説明はどれですか。
1　男性の背後に柵があります。
2　ポケットに手を突っ込んでいます。
3　セーターの袖がほつれています。
4　片膝を抱えています。

Ｄの写真を見てください。
問題７　女性はどこにいますか。
1　屋外です。
2　室内です。
3　喫煙ルームです。
4　ベランダです。

問題８　どんな様子ですか。
1　ぶすっとしています。
2　うんざりしています。
3　くつろいでいます。
4　あがいています。

Ｅの写真を見てください。
問題９　相手のリクエストに応じられません。こんな時、何と言いますか。
1　一顧だにしないと思われます。
2　やってのけると考えられます。
3　期待に報いる所存でございます。
4　ご要望には沿いかねます。

Ｆの写真を見てください。
問題１０　パーティーで司会者が締めの挨拶をします。こんな時、何と言いますか。
1　大変長らくお待たせいたしました。これより新郎新婦が入場いたします。
2　僭越ではございますが、乾杯の音頭をとらせていただきます。
3　宴もたけなわではございますが、この辺でお開きにしたいと思います。
4　それではこれよりしばらくは、お食事とご歓談に移りたいと思います。

聴読解問題

例題を見てください。男性と女性が、会社のロゴの位置について話しています。

例題１　男性はどの位置がいいと言っていますか。

例題２　女性はどの位置がいいと言っていますか。

－－－－－－－－－－－－－－－－－－－－－－－－－－－

男：名刺のデザインを変えるんだけど、会社のロゴの位置はどこがいいと思う？

女：住所の前がいいんじゃない？

男：うーん、でも、それじゃあ目立たないよ。会社名の前に大きく入れたら、どう？

女：えー、ロゴは控えめに、住所の前にあるほうがいいわよ。

－－－－－－－－－－－－－－－－－－－－－－－－－－－

例題１　男性はどの位置がいいと言っていますか。

例題２　女性はどの位置がいいと言っていますか。

最も良いものは、例題１は２、例題２は３です。ですから、例題１は２、例題２は３を例のようにマークします。

Ｇを見てください。

女性と男性がカタログを見ながら話しています。

問題１１　男性が最初にすすめたのはどれですか。

問題１２　男性が最後にすすめたのはどれですか。

－－－－－－－－－－－－－－－－－－－－－－－－－－－

女：ＣＤプレーヤーを買うつもりなんだけど、おすすめのある？

男：音楽聞くだけなら、今はこんな感じのが一番だと思うよ。

女：コードでスマホにもつなげるのね。でも、スピーカーが小さいなあ。

男：持ち運びもできるし、いいと思うよ。

女：それはできなくてもいいんだ。左右のスピーカーを離して聞きたいの。

男：スピーカーは持ってるの？

女：ううん。だからセットで売ってるのがいいな。

男：じゃあ、これにしたらいいよ。

－－－－－－－－－－－－－－－－－－－－－－－－－－－

問題１１　男性が最初にすすめたのはどれですか。

問題１２　男性が最後にすすめたのはどれですか。

Ｈを見てください。
女性と男性が小学生の「将来なりたい職業」ランキングについて話しています。

問題１３　この女性の職業はどれですか。
問題１４　この男性の職業はどれですか。

－－－－－－－－－－－－－－－－－－－－－－－－－－－

女：ねえ、見て。小学生の将来なりたい職業ランキングだって。
男：へえ。僕、小学生の頃は野球選手になりたかったんだ。あ、鈴木さんの職業は女子のトップだ。
女：本当ね。でもね、私の小さい頃の夢はお花屋さんだったのよ。
男：ふーん。これを見ると、今の女子はしっかりしているなあ。資格のいる仕事が多いよね。
女：そうね。でも男子の１位、２位にスポーツ選手が挙がっているのは夢があるわ。
男：うん。
女：男女共に３位に医師が入っているけど、昔は医師っていうと男性の職業のイメージが強かったよね。私も医師を目指せばよかったなって、今になってちょっと思うの。渡辺君は今の職業、気に入ってる？
男：うん。野球選手にはなれなかったけど、好きなゲームに関わる仕事ができているからね。
女：そうかあ。

－－－－－－－－－－－－－－－－－－－－－－－－－－－

問題１３　この女性の職業はどれですか。
問題１４　この男性の職業はどれですか。

Ｉを見てください。
男性が話しています。

問題１５　観光施設では何人のキャンセルが出ていますか。
問題１６　４千万円の損失が出ているのはどれですか。

－－－－－－－－－－－－－－－－－－－－－－－－－－－

男：北海道では、震度７の地震が発生した先週以降、宿泊施設の予約キャンセルが延べ94万人、飲食店などを含む観光全体の損失額が約292億円に上っています。この数字は昨日時点のもので、今後さらに増えると予想されています。ホテルや旅館などの900以上の宿泊施設のキャンセルに加え、テーマパークなどの観光施設で６万９千人、フェリーや遊覧船で２万２千人、観光バスで４千台のキャンセルが出ています。それぞれの損失は、宿泊施設が約17億円、観光施設が２億５千万円、フェリー・遊覧船が４千万円、観光バスが３億７千４百万円です。全体の損失額は、これに交通費や飲食代、お土産代などがプラスされています。

－－－－－－－－－－－－－－－－－－－－－－－－－－－

問題１５　観光施設では何人のキャンセルが出ていますか。
問題１６　４千万円の損失が出ているのはどれですか。

Ｊを見てください。
薬局で薬剤師と客が話しています。

問題１７　１日３回の薬はどれですか。
問題１８　炎症を鎮める薬は、どれですか。

男：こちらが今日お出しする皮膚炎のお薬です。
女：種類が多いですね。
男：そうですね。４種類あります。この錠剤はかゆみ止めです。朝と晩の２回、食後に１錠ずつ飲んでください。
女：はい。錠剤が１日２回ですね。
男：ええ。で、こちらの粉薬もかゆみ止めなんですが、朝昼晩、食後に１袋ずつです。
女：はい。粉薬は朝昼晩と。
男：次に塗り薬ですが、この丸い容器に入ったお薬ですね。炎症を鎮める効果があります。
女：いつ塗ればいいんでしょうか。
男：朝と夜ですね。特にお風呂の後が効果的です。
女：では、このスプレータイプのお薬は何ですか。
男：これは保湿剤です。乾燥が気になる時にスプレーしてください。
女：スプレーは１日に何回でもいいんですか。
男：ええ。あまり回数は気にしないで気軽に使えるものです。
女：わかりました。

問題１７　１日３回の薬はどれですか。
問題１８　炎症を鎮める薬は、どれですか。

Ｋを見てください。
女性が話しています。

問題１９　見直し項目に含まないのはどの項目ですか。
問題２０　思い切った改革を要求したのはどの項目ですか。

女：全体部会にお集まりいただきありがとうございます。ショッピングモール外国人利用客のアンケート結果が出ましたので統括マネージャーとして所感を述べさせていただきます。昨年度より改善に向けての努力が続いたにも関わらず結果が出ていない部門については、外部からの助言も含めて様々な対応策を検討することにいたします。なお、商品価格については為替の事情もあり、現状では見直し項目に含みません。さて、一見しておわかりの通りこちらの項目は相変わらず「良い」も「悪い」も極端に少ない回答で、つまり「どちらでもない」というわけです。「悪い」が少ないから何もしないでもいいというわけではありません。少なくともこの倍は「良い」の回答を得られるように、その際に「悪い」を倍にしてもいいというくらいの気持ちで、思い切ったアクションを起こしましょう。各部署にお持ち帰りの上、ご検討お願いいたします。

問題１９　見直し項目に含まないのはどの項目ですか。
問題２０　思い切った改革を要求したのはどの項目ですか。

応答問題

例題１　おはようございます。
１　おはようございます。
２　おやすみなさい。
３　さようなら。

例題２　お仕事は？
　　　ー会社員です。
１　私も会社員じゃありません。
２　私も会社員です。
３　私も医者です。
最も良いものは、例題１は１、例題２は２です。ですから、例題１は１、例題２は２を例のようにマークします。

問題２１　明日、葬式があるんです。
１　おめでとうございます。
２　誰かお亡くなりになったんですか。
３　担当に確認しておきます。

問題２２　その封筒に切手貼って出しておいて。
　　　ーいくらの切手ですか。
１　封筒の重さ量ってみてくれる？
２　切手のサイズはわからないな。
３　いくらでもいいよ。

問題２３　仕事でミスしちゃって。
１　よかったですね。
２　新しい仕事は何？
３　元気出して。

問題２４　今日は湿度が高いですね。
１　ええ、洗濯物が乾かないですね。
２　ええ、流行っていますね。
３　ええ、のどが痛くなりそうですね。

問題２５　家を建てたんだって？
１　30分前に出ました。
２　いい土地があったものですから。
３　足の怪我は治りましたよ。

問題２６　電車、動きそうもないね。
１　うん、動くかもね。
２　タクシーにする？
３　うん、動かなかったね。

問題２７　お昼ごはん、またラーメンだったの？
　　　ーあんなにおいしいものはないよ。
１　じゃあ、食べなきゃいいのに。
２　食べたかったもんね。
３　本当に好きね。

問題２８　契約には保証人が必要なんですが。
１　保証しなくてもいいです。
２　国の家族でもいいですか。
３　修理する人ならいます。

問題２９　このデザイン、飽きが来ないよね。
１　いつまでも暑いよね。
２　シンプルだからね。
３　早く座りたいなあ。

問題３０　今お手すきですか。
１　ちょっと急ぎの仕事が入っていて…。
２　あまり好きじゃないなあ。
３　今は手が届かないんだよね。

問題３１　この牛乳、賞味期限が切れてない？
１　うん。よく切れるでしょ。
２　ううん。来週まで大丈夫だよ。
３　ううん。つながってると思うよ。

問題３２　管理職というのは苦労が尽きないよ。
１　ほんとに楽な仕事ですね。
２　お察しします。
３　まだ着かないんですか。

問題３３　先輩から厳しい指摘を受けたんです。
１　そんなに落ち込むことないって。
２　頼みの綱だったのに。
３　両立は難しいよ。

問題３４　急に雨が降ってきて、びしょ濡れだよ。
１　天気予報は当てにならないですね。
２　いいタイミングでしたね。
３　傘を持っていてよかったですね。

問題３５　この空き缶、すすいである？
１　うん、もう捨てたよ。
２　うん、まだつぶしてないよ。
３　うん、軽くだけどね。

問題３６　今年の新人はどうかな。
　　　　　ー潜在的な能力はありますね。
１　じゃあ、今後に期待だね。
２　もうそんなことができるのか。
３　いろいろ洗ってもらおうかな。

問題３７　来月のパーティーの段取りはすっかり整いました。
１　それはずいぶん手回しがいいですね。
２　そんなに行き当たりばったりなんですか。
３　目が釘付けになりますね。

問題３８　上の階の足音、けっこう響きますね。
１　日々、めきめき上達してるんです。
２　毎日へとへとになるまで歩くんです。
３　いつもほとほと困ってるんです。

問題３９　もう少し負けられませんか。
１　競争が過熱しますよ。
２　もう勝負はついていますよ。
３　これ以上はちょっと…。

問題４０　彼女、優秀だからみんなに嫉妬されていますね。
１　毒を以て毒を制すと言いますからね。
２　出る杭は打たれると言いますからね。
３　割れ鍋に綴じ蓋と言いますからね。

会話・説明問題

「＊」の部分は録音されていません。

例題

ーーーーーーーーーーーーーーーーーーーーーーーーー

男：佐藤さん、明日の会議の資料はできましたか。
女：はい、できました。こちらです。
男：じゃ、10部コピーしておいてください。
女：あのう、コピーする前に内容をチェックしていただけないでしょうか。
男：ええ、いいですよ。
女：お願いします。

ーーーーーーーーーーーーーーーーーーーーーーーーー

女性は男性に何をお願いしましたか。
＊１　資料のコピー
＊２　資料のチェック
＊３　資料の作成
最も良いものは２です。ですから、例のように２をマークします。

１　会社で女性と男性が話しています。この会話を聞いてください。

ーーーーーーーーーーーーーーーーーーーーーーーーー

女：何か探していますか。
男：ホッチキスです。
女：ここにありますよ。
男：いえ、普通のホッチキスじゃなくて、大きいホッチキスです。この厚い資料も綴じられるような。
女：ああ、それならあそこにしまってありますが、今壊れていて使えないんですよ。修理しないと。
男：そうなんですか。じゃ、大きいクリップで挟むことにします。

ーーーーーーーーーーーーーーーーーーーーーーーーー

問題４１　男性は何を探していましたか。
＊１　普通のホッチキス
＊２　大きいホッチキス
＊３　大きいクリップ

問題４２　男性は、このあとどうしますか。
＊１　大きいクリップで資料を綴じる。
＊２　大きいホッチキスを直す。
＊３　女性に普通のホッチキスを借りる。

2　女性が研修で話しています。この話を聞いてください。

－－－－－－－－－－－－－－－－－－－－－－－－－－－

女：相手の名前を伺う時、以前は「お名前を頂戴できますか」とか「お名前いただけますか」などと尋ねていましたが、相手の名前をもらうというのは失礼だということで、今では言いませんね。それから、本人かどうかを確かめる書類、運転免許証とか健康保険証、いわゆる「身分証明書」と呼ばれるものですが、「身分」という言葉は、昔の職業による差別につながらないともかぎらないという理由で、「本人確認書類」と言うことが多くなりました。

－－－－－－－－－－－－－－－－－－－－－－－－－－－

問題４３　名前の聞き方は、昔と今でどう違いますか。

＊１　変わらない。

＊２　昔のほうが丁寧な聞き方をしていた。

＊３　昔の聞き方が今では失礼だとされている。

問題４４　話の内容と合っているのはどれですか。

＊１　運転免許証と健康保険証は身分証明書として認められない。

＊２　身分証明書という言葉は使わないほうがいい。

＊３　相手に名前を聞かないほうがいい。

3　男性の話を聞いてください。

－－－－－－－－－－－－－－－－－－－－－－－－－－－

男：外には子供が拾いたくなるような自然の素材がいっぱいあります。気に入った葉や石、枝などをよく服のポケットに入れて帰ってきますね。でも、そんな時に親が子供を叱り、それを捨ててしまってはいけません。背の低い子供から見る自然は大人が感じるよりも身近に感じられ、その時々で生まれて初めて出会うものに感動しているのです。私達も子供の目線に戻って自然を観察してみると季節の変化が細かく感じられ、日々の生活が豊かになるのではないでしょうか。

－－－－－－－－－－－－－－－－－－－－－－－－－－－

問題４５　親のどんな行為がよくないと言っていますか。

＊１　子供を外で遊ばせないこと

＊２　子供のポケットの中を確認すること

＊３　子供が持ち帰る石や枝を捨てること

問題４６　話の内容と合っているのはどれですか。

＊１　子供は大人より自然を身近に感じている。

＊２　大人は子供より季節の変化を細かく感じている。

＊３　自然に感動する気持ちと持ち帰る行為は別だ。

4　男性と女性がプログラミング教育について話しています。この会話を聞いてください。

－－－－－－－－－－－－－－－－－－－－－－－－－－－－

男：なぜ今プログラミング教育が必要なのでしょうか。

女：今後は多くの職業がＡＩやロボットに代替されて消滅すると言われています。今の子供達は新しい職業や仕事を作る世代です。作るためには新しい技術を使いこなす能力が必要です。

男：それがプログラミングだということですね。

女：ええ。大切なのはプログラミングを学ぶことではなく、プログラミングで学ぶことです。

男：具体的に授業に取り入れるとしたらどのような内容になるのですか。

女：例えば小学校の国語の時間に同音異義語について学ぶ時、子供達がプログラミングで同音異義語のクイズを作ります。

男：先生から学ぶという従来の形式ではなく、子供自身が主体的に取り組むのですね。

女：ええ。プログラミングを使って学ぶことで論理的思考力を育てることが狙いです。

－－－－－－－－－－－－－－－－－－－－－－－－－－－－

問題４７　なぜ今後多くの職業が消滅すると言われていますか。

＊１　少子化の影響で人手が不足するため

＊２　世の中が不景気なため

＊３　ＡＩやロボットに代替されるため

問題４８　プログラミング教育はなぜ必要だと言っていますか。

＊１　新しい技術を使いこなす能力を養うため

＊２　日本はプログラミングの分野で世界に後れをとっているため

＊３　プログラマーが不足しているため

問題４９　プログラミングを取り入れた授業では子供達はどのように学びますか。

＊１　先生から学ぶ。

＊２　子供自身が主体的に学ぶ。

＊３　コンピューターから学ぶ。

5　女性の話を聞いてください。

－－－－－－－－－－－－－－－－－－－－－－－－－－－－

女：カラオケ市場は、90年代半ばにピークを迎えた後、レジャーや趣味の多様化、少子化等によって徐々に縮小してきましたが、ここ最近は横ばい状態が続いています。アンケート調査によれば、男性全体の34パーセント、女性全体の29パーセントがカラオケボックスを「よく利用する」もしくは「たまに利用する」と答えています。年代別で見ると20代男性が47パーセント、20代女性が46パーセントと、男女ともに20代が最もよく利用していました。逆に利用が少ないのは50代女性で、22パーセントでした。ところで今、カラオケボックスは、ただ歌うことだけを目的とする場所ではなくなりつつあります。例えばスカイプを使った英会話教室を提供するカラオケボックスもあります。個人レベルでも、仕事や勉強に使ったり、あるいは楽器を持ち込んで練習したりする人もいます。防音設備が整い、密閉された空間である点、かつ一般的なレンタルスペースやレンタルスタジオよりも安価に利用できる点などが魅力なのでしょう。

－－－－－－－－－－－－－－－－－－－－－－－－－－－－

問題５０　カラオケ市場の動向は現在どうなっていますか。

＊１　拡大している。

＊２　縮小している。

＊３　大きな変動はない。

問題５１　カラオケボックスを最もよく利用しているのはどの人達ですか。

＊１　20代男性

＊２　30代女性

＊３　50代女性

問題５２　カラオケボックスが提供するサービスとして紹介されているのは何ですか。

＊１　カラオケ教室

＊２　英会話教室

＊３　レンタルスタジオ

6　男性と女性の会話を聞いてください。

－－－－－－－－－－－－－－－－－－－－－－－－－

男：長澤さん、知ってます？　服を買わずに借りる女性が増えているそうですね。

女：ええ、月額制のファッションレンタルサービスですね。私も利用してますよ。毎日会社に同じ服を着ていくわけにもいかないし、かといって購入するとなると出費がばかにならないですからね。

男：長澤さん、利用してたんですね。ひょっとして、今日のその服もレンタルですか。

女：ええ。今年の服がもう来年は着られなかったりっていうこともあるからレンタルだと便利なんですよね。

男：どうりで。長澤さんはおしゃれで、洋服もたくさん持ってるなあって思ってたんですよ。

女：ふふ。実は、私が利用しているサービスではプロのスタイリストが服を選んでくれるんですよ。コーディネートを考える手間も省けるし、おしゃれも楽しめるし、いいことずくめですね。

男：そうですか。でも、サービスを提供する企業側にはどんなメリットがあるんですかね。

女：うーん…。よくわかんないんですが、会員制なら毎月どれだけの服が必要かわかるでしょう？だから、在庫の管理が楽なんじゃないですか。商品を大量にストックしておかなくて済むので。

男：ああ、そうですね。ファッション業界では、在庫の管理が業績を左右するって言いますからね。

女：へえ、そうなんですか。

男：ええ。だから、ビジネスとして成功させるには会員を減らさないようにしなければならないでしょうね。解約率を減らして少しでも長く利用してもらうのが、成功の秘訣だと思いますよ。

女：なるほどね。

－－－－－－－－－－－－－－－－－－－－－－－－－

問題５３　どんな女性が増えていると言っていますか。

＊１　流行の服を買わない女性
＊２　スタイリストを雇う女性
＊３　服をレンタルする女性

問題５４　企業にとってのメリットは何だと言っていますか。

＊１　初期費用を抑えられること
＊２　実店舗の売上につながること
＊３　在庫の管理がしやすいこと

問題５５　企業にとっての成功の秘訣は何だと言っていますか。

＊１　会員の満足度を高めること
＊２　会員の解約率を減らすこと
＊３　新規の会員を獲得すること

これで聴解試験を終わります。

第4回 J.TEST実用日本語検定 （A-Cレベル）

正解とスクリプト

■ 読解・記述問題 500点

《 文法語彙問題 》各５点(200点)				《 読解問題 》各６点(120点)		《 漢字問題Ａ 》各４点(60点)	
1) 2	11) 2	21) 2	31) 3	41) 2	51) 2	61) 2	71) 3
2) 4	12) 3	22) 1	32) 1	42) 3	52) 2	62) 3	72) 1
3) 2	13) 3	23) 1	33) 2	43) 4	53) 2	63) 4	73) 4
4) 1	14) 2	24) 2	34) 3	44) 2	54) 3	64) 1	74) 1
5) 2	15) 4	25) 4	35) 4	45) 4	55) 3	65) 2	75) 3
6) 4	16) 4	26) 4	36) 2	46) 2	56) 1	66) 1	
7) 1	17) 1	27) 1	37) 1	47) 4	57) 1	67) 2	
8) 1	18) 1	28) 2	38) 3	48) 4	58) 4	68) 3	
9) 3	19) 1	29) 1	39) 1	49) 3	59) 3	69) 2	
10) 1	20) 2	30) 4	40) 4	50) 1	60) 1	70) 3	

《 漢字問題Ｂ 》各４点(60点)　*漢字問題Ａ＋Ｂ＝計120点

76) かいだん	80) く	84) はだか	88) す
77) たお	81) めじるし	85) いでん	89) ほんろう
78) あせ	82) そうこ	86) たく	90) か
79) かんこう	83) ないぞう	87) てっぱい	

解答例　《 記述問題Ａ 》各６点(30点)　*（Ａ）と（Ｂ）が両方正解で６点。部分点はありません。

91)（Ａ）行く　（Ｂ）本
92)（Ａ）遅かった　（Ｂ）眠
93)（Ａ）会議　（Ｂ）休む
94)（Ａ）嬉しい　（Ｂ）いい
95)（Ａ）性別　（Ｂ）問わ

解答例　《 記述問題Ｂ 》各６点(30点)　*部分点はありません。　*記述問題Ａ＋Ｂ＝計60点

96) 地震で電車が止まって
97) たとえ英語ができなく
98) ２か月にわたって研修
99) 売上の３パーセントを占める
100) 苦労して医者になったあげく

■ 聴解問題 500点

《写真問題》各５点(50点)	《聴読解問題》各10点(100点)	《 応答問題 》各10点(200点)		《 会話・説明問題 》各10点(150点)	
1) 2	11) 1	21) 1	31) 1	41) 2	51) 1
2) 4	12) 3	22) 3	32) 1	42) 2	52) 2
3) 1	13) 2	23) 1	33) 3	43) 3	53) 1
4) 4	14) 4	24) 2	34) 1	44) 1	54) 2
5) 3	15) 1	25) 3	35) 2	45) 3	55) 1
6) 1	16) 2	26) 1	36) 1	46) 2	
7) 3	17) 1	27) 3	37) 3	47) 2	
8) 4	18) 3	28) 2	38) 2	48) 1	
9) 1	19) 4	29) 2	39) 1	49) 2	
10) 4	20) 2	30) 3	40) 3	50) 3	

第４回 A-Cレベル 聴解スクリプト

写真問題

例題の写真を見てください。
例題１　これは何ですか。
１　コップです。
２　いすです。
３　ノートです。
４　カメラです。

例題２　これで何をしますか。
１　すわります。
２　字を書きます。
３　水を飲みます。
４　写真をとります。
最も良いものは、例題１は１、例題２は３です。ですから、例題１は１、例題２は３を例のようにマークします。

Ａの写真を見てください。
問題１　男性はどんな様子ですか。
１　まぶしそうです。
２　苦しそうです。
３　のんびりしています。
４　落ち着いています。

問題２　正しい説明はどれですか。
１　手を握っています。
２　腰をなでています。
３　目をこすっています。
４　胸を押さえています。

Ｂの写真を見てください。
問題３　これは何ですか。
１　ロッカーです。
２　カバーです。
３　レギュラーです。
４　スターです。

問題４　正しい説明はどれですか。
１　不良品を回収します。
２　部品の組み立てが必要です。
３　踏切を横断するときに使います。
４　有料で荷物を預けます。

Ｃの写真を見てください。
問題５　これは何ですか。
１　レントゲンです。
２　デジカメです。
３　望遠鏡です。
４　歩道橋です。

問題６　これで何をしますか。
１　天体観測です。
２　日光浴です。
３　地球温暖化です。
４　宇宙開発です。

Ｄの写真を見てください。
問題７　この乗り物はどこで使われますか。
１　行楽地です。
２　防波堤です。
３　火災現場です。
４　裁判所です。

問題８　正しい説明はどれですか。
１　建物を破壊します。
２　枠からはみ出します。
３　香ばしい匂いがします。
４　梯子が伸びます。

Ｅの写真を見てください。
問題９　取引先の山田さんが来たことを担当者に伝えます。こんな時、何と言いますか。
１　山田さんがお見えになりました。
２　山田さんがお邪魔しています。
３　山田さんが参りました。
４　山田さんがお伺いしました。

Ｆの写真を見てください。
問題１０　名刺にある相手の名前の漢字が読めません。こんな時、何と言いますか。
１　差し支えなければ、お名前の読み方はいかがですか。
２　大変恐縮ですが、お名前を読むことが不可能です。
３　誠に申し訳ございませんが、このお名前では読めません。
４　大変失礼ですが、お名前は何とお読みするのでしょうか。

聴読解問題

例題を見てください。男性と女性が、会社のロゴの位置について話しています。

例題１　男性はどの位置がいいと言っていますか。
例題２　女性はどの位置がいいと言っていますか。

－－－－－－－－－－－－－－－－－－－－－－－－－－－

男：名刺のデザインを変えるんだけど、会社のロゴの位置はどこがいいと思う？
女：住所の前がいいんじゃない？
男：うーん、でも、それじゃあ目立たないよ。会社名の前に大きく入れたら、どう？
女：えー、ロゴは控えめに、住所の前にあるほうがいいわよ。

－－－－－－－－－－－－－－－－－－－－－－－－－－－

例題１　男性はどの位置がいいと言っていますか。
例題２　女性はどの位置がいいと言っていますか。

最も良いものは、例題１は２、例題２は３です。ですから、例題１は２、例題２は３を例のようにマークします。

Ｇを見てください。
女性と男性が話しています。

問題１１　女性はどの項目に当てはまりますか。
問題１２　男性はどの項目に当てはまりますか。

－－－－－－－－－－－－－－－－－－－－－－－－－－－

女：ここにお酒を飲んだ後に何か食べるかどうかのアンケート結果があるんだけど、食べる人って多いのね。原田君はどう？
男：僕は全然食べないよ。
女：そうなんだ。私は必ず食べるかな。飲み会の後はいつもコンビニでデザートを買って帰るんだ。
男：あ、家の近くにたこ焼き屋があって匂いに誘われて買っちゃうことはあるかも。
女：ああ、たこ焼きね、私も好きよ。じゃ、やっぱり原田君も41パーセントのところね。
男：いや、我慢しようとはしてるから、こっちだよ。

－－－－－－－－－－－－－－－－－－－－－－－－－－－

問題１１　女性はどの項目に当てはまりますか。
問題１２　男性はどの項目に当てはまりますか。

Ｈを見てください。
女性が話しています。

問題１３　昨年の１位はどれですか。
問題１４　今年の３位はどれですか。

－－－－－－－－－－－－－－－－－－－－－－－－－－－

女：新社会人としてスタートする新入社員約400人に今の気持ちを漢字一文字で表すとしたら何かというアンケート調査を行いました。その結果、最も多かったのは、昨年に引き続き「新」、「新しい」という漢字で32人でした。新しい環境で新たにスタートを切る彼らの気持ちを表す漢字なのでしょう。続いて多かったのは「挑戦」の「挑」、「挑む」という漢字で24人。３位は「努力」の「努」、「努める」という字と「進む」の「進」という２つが13人という結果で同率でした。前向きな気持ちを表す漢字が上位に並ぶ一方で、５位には昨年は１人しかいなかった「不安」の「不」という漢字が10人に増え、ランクインしました。変化が激しい現代社会の一員になることへの不安な気持ちがうかがえます。

－－－－－－－－－－－－－－－－－－－－－－－－－－－

問題１３　昨年の１位はどれですか。
問題１４　今年の３位はどれですか。

Ｉを見てください。
男性が話しています。

問題１５　男性のグラフはどれですか。
問題１６　女性のグラフはどれですか。

男：皆さんは毎日どのくらい歩きますか。男女別、年齢別に調査した結果のグラフがこちらです。歩数が最も多かった年代は、男性は20代で8,583歩、女性も20代で7,418歩でした。男女共に若い20代が最もよく歩いていることがわかりました。男性の歩数について見てみると、20代以降は徐々に減少していっています。一方女性は、30代では減少するものの、40代でわずかながら増加、50代もほぼ変わらず、60代以降に再び減少します。そして、最も歩数が少なかったのは、70代女性の4,274歩でした。目標値は65歳以上で男性7,000歩、女性6,000歩ですから、男女共に70歳以上は1,000歩以上足りていませんでした。

問題１５　男性のグラフはどれですか。
問題１６　女性のグラフはどれですか。

Ｊを見てください。
女性と男性が話しています。

問題１７　女性がしなくても大丈夫だと言っているのはどれですか。
問題１８　男性はまずどれを試しますか。

女：木下さん、会議室のテレビがハードディスクを認識しないんですが…。
男：マニュアルはこれです。一緒に見てみましょう。
女：接続端子は触っていないので、間違っていないと思います。電源のオン、オフはやってみました。
男：他のケーブルは試してないんですね。他の機器のでもいいですが、なるべく新しいのがいいですね。
女：ちょっと探してきます。
男：最悪の場合は初期化になりますが…。ところで電源を切ったとき、２、３分おきましたか。
女：ええと、すぐにつけたと思います。
男：じゃあ、まずそれをやってみますね。それで駄目だったら交換しましょう。

問題１７　女性がしなくても大丈夫だと言っているのはどれですか。
問題１８　男性はまずどれを試しますか。

Ｋを見てください。
男性が家事代行企業の社長に話を聞いています。

問題１９　男性が１位だと思っていたのはどれですか。
問題２０　男性が家で担当している家事はどれですか。

－－－－－－－－－－－－－－－－－－－－－－－－－－－

男：最近、家事代行サービスが注目されていますね。
女：ええ。働く女性にとって、帰宅後の家事は大きな負担となります。そんな時に活用できる選択肢の一つとして利用してもらいたいと思います。
男：利用者は増えていますか。
女：ええ。ですが、実際に利用したことがある人は１割ほどです。まだ利用したことがない人に、どの家事代行サービスを利用してみたいかを聞いてみたんですが、何が１位だったと思いますか。
男：やはり料理ではないですか。妻も食事の準備が一番苦痛だと言っていますから。
女：いいえ、料理は２位でした。１位はお風呂掃除です。水垢やカビ、排水溝の汚れなど、あまり触りたくない、落とすのが大変な部分をプロの技術できれいにしてほしいという声が強かったですね。
男：なるほど。では３位は？
女：トイレ掃除です。これも風呂掃除と同様、プロの技術への期待感があるようです。
男：私は家ではその担当なんですが、プロにお願いしたらどのくらいきれいになるのか興味がありますね。
女：ええ、ぜひ利用してみてください。

－－－－－－－－－－－－－－－－－－－－－－－－－－－

問題１９　男性が１位だと思っていたのはどれですか。
問題２０　男性が家で担当している家事はどれですか。

応答問題

例題１　おはようございます。
1　おはようございます。
2　おやすみなさい。
3　さようなら。

例題２　お仕事は？
　　　－会社員です。
1　私も会社員じゃありません。
2　私も会社員です。
3　私も医者です。

最も良いものは、例題１は１、例題２は２です。ですから、例題１は１、例題２は２を例のようにマークします。

問題２１　13時に変更は可能でしょうか。
1　予定を確認してみます。
2　そうですね、明日はやめましょう。
3　そう伝えていただけますか。

問題２２　今、お茶入れるわね。
1　どうぞ、ご遠慮なく。
2　失礼いたしました。
3　いえ、お構いなく。

問題２３　どうして遅刻したんですか。
1　渋滞にはまっちゃって。
2　借金がふくらんじゃって。
3　弱みを握られちゃって。

問題２４　その噂、本当かなあ。
1　そっくりだよ。
2　でたらめでしょ。
3　ぴかぴかだね。

問題２５　先日は、本当に助かりました。
1　いえいえ、結構です。
2　いえいえ、ご苦労様です。
3　いえいえ、お互い様です。

問題２６　いくつか案を出しておいて。
1　はい、考えておきます。
2　はい、コピーしておきます。
3　はい、スケジュールを組んでおきます。

問題２７　長いプロジェクトでしたが、やっと終わりましたね。
　ーそうですね。今度、打ち上げをしませんか。
1　はい、振り込んでおきます。
2　もう少しで上がれそうです。
3　いいですね。パーっと飲みましょう。

問題２８　彼女、いつも丁寧な言葉遣いですよね。
1　ええ、だらしないですね。
2　ええ、礼儀正しいですね。
3　ええ、卑怯者ですね。

問題２９　昼ご飯、どうする？
1　手際がいいね。
2　出前にしない？
3　確信犯でしょう。

問題３０　セール初日、賑わっていますね。
1　ええ、スタミナ切れでしょうか。
2　ええ、もっと待遇をよくしなければ。
3　ええ、出足は好調ですね。

問題３１　人手が足りないので応援出してくれませんか。
1　何人必要ですか。
2　ここで応援しますね。
3　引き続き頑張ってください。

問題３２　あの人は服装に無頓着だね。
1　ええ、スーツがよれよれですね。
2　３時着の予定だそうです。
3　いつもネクタイが素敵ですね。

問題３３　その件なら森さんが詳しいですよ。
1　じゃあ、パレードに参加しようかな。
2　じゃあ、グッズを集めようかな。
3　じゃあ、レクチャーしてもらおうかな。

問題３４　主人の再就職先が決まりました。
　ーよかったですね。どなたかのご紹介ですか。
1　ええ、昔の知り合いに斡旋してもらって。
2　ええ、昔ながらの圧迫面接ですから。
3　ええ、古い慣習に囚われていて。

問題３５　こちらにご捺印ください。
1　色の指定はございますか。
2　朱肉を貸していただけますか。
3　決裁が必要でしょうか。

問題３６　資金力では歯が立たないよ。
　ーそんなに差があるんですか。
1　足元にも及ばないね。
2　頭ごなしに言われたね。
3　抜き差しならないね。

問題３７　もう少しターゲットを絞ったほうがいいですね。
1　もう少し広げるんですね。
2　これ以上やせるのは無理です。
3　では、30代女性にフォーカスしてみます。

問題３８　こんなに至れり尽くせりのサービスで足が出ないのかな。
1　手も足も出ないでしょう。
2　どこかでコストを抑えてるんでしょう。
3　ほんとに酷いもてなしです。

問題３９　イベントはクレームの嵐でした。
1　そんなに不評だったんですか。
2　大盛況だったんですね。
3　面目躍如ですね。

問題４０　今日のプレゼン、途中まではよかったけど…。
1　温故知新の心がありませんね。
2　前途洋々たる未来ですね。
3　画竜点睛を欠いていましたね。

会話・説明問題

「＊」の部分は録音されていません。

例題

－－－－－－－－－－－－－－－－－－－－－－－－－－－－

男：佐藤さん、明日の会議の資料はできましたか。

女：はい、できました。こちらです。

男：じゃ、10部コピーしておいてください。

女：あのう、コピーする前に内容をチェックしていただけないでしょうか。

男：ええ、いいですよ。

女：お願いします。

－－－－－－－－－－－－－－－－－－－－－－－－－－－－

女性は男性に何をお願いしましたか。

＊１　資料のコピー

＊２　資料のチェック

＊３　資料の作成

最も良いものは２です。ですから、例のように２をマークします。

１　男性と女性の会話を聞いてください。

－－－－－－－－－－－－－－－－－－－－－－－－－－－－

男：出席者、何人になった？

女：まだ連絡ない人が３人いるの。今の時点では出席15人に欠席２人。

男：それって僕たち含めての数？

女：あ、入れてなかった。入れたら出席者はプラス２で、17人ね。悪いけど、店に連絡しておいてもらえる？

男：了解。あとの３人が出席でも最大20人だね。

女：うん。私は残りの３人にもう一度メール出してみるね。

－－－－－－－－－－－－－－－－－－－－－－－－－－－－

問題４１　今、確定している人数は何人ですか。

＊１　出席15人、欠席２人。

＊２　出席17人、欠席２人。

＊３　出席20人、欠席３人。

問題４２　女性はこのあと何をしますか。

＊１　店に出席者の人数を連絡する。

＊２　出欠連絡がまだない人にメールを出す。

＊３　出席者に店の情報をメールで送る。

２　女性と男性の会話を聞いてください。

－－－－－－－－－－－－－－－－－－－－－－－－－－－－

女：村田さん、ここでうがいしてるの？

男：うん、給湯室はお湯が出るからね。手洗いうがいはここでしてるよ。うがいぐすりも置いてあるんだ。

女：なるほどね。トイレの水は冷たいもんね。

男：うん。橋本さんはマスクなんかして、風邪？

女：ううん、予防。今、流行ってるから。

男：ふーん。でもマスクって本当に予防効果あるのかな。風邪のウイルスは小さいから隙間から入るでしょう？

女：顔を手で触らないようにしてるんだよ。ウイルスがついた手で鼻や口を触ることで、風邪をひくっていうから。

男：へえ。だったら手をよく洗ったほうがいいんじゃない？

女：確かに。じゃ、これからは村田さんの真似をしようかな。

男：うん、そうだよ。

－－－－－－－－－－－－－－－－－－－－－－－－－－－－

問題４３　女性はどうしてマスクをしていますか。

＊１　風邪をひいたため

＊２　ウイルスを吸わないようにするため

＊３　顔を直接触らないようにするため

問題４４　女性はこれからどうしますか。

＊１　給湯室で手洗い、うがいをします。

＊２　トイレで手を洗います。

＊３　給湯室でくすりを飲みます。

3　女性と男性の会話を聞いてください。

ーーーーーーーーーーーーーーーーーーーーーーーーーーー

女：山田君、さっきのメールだけど…。

男：あ、何か問題ありましたか。タイトル長すぎでしょうか。

女：それはいいのよ。そこだけで内容がわかるから。いけないのはまず宛先。宛先にある全員が共有すべき内容？

男：いえ、念のためと言うか…。

女：役員まで入ってるけどこの程度の内容なら、関係する人と直属の上司まででいいよ。

男：わかりました。本文の書き方はどうですか。

女：まあ、大丈夫。で、次に署名なんだけど、あのメール、外部の方にも送ってるでしょ。

男：はい。

女：じゃ、名前だけでなく、社名、部署、連絡先を必ず書くように。

男：わかりました。

ーーーーーーーーーーーーーーーーーーーーーーーーーーー

問題４５　男性のメールでよくなかったのはどの箇所ですか。

＊１　タイトル

＊２　本文

＊３　署名

問題４６　宛先にはどんな問題がありましたか。

＊１　上司に送られていなかった。

＊２　送る相手が多すぎた。

＊３　外部の人に送っていた。

4　女性と男性の会話を聞いてください。

ーーーーーーーーーーーーーーーーーーーーーーーーーーー

女：今、婚活サービスが広がってるんですってね。

男：僕も使っていますよ。ネットのサービスです。友達も結構利用してますよ。

女：ネットですか。それは気軽に使えそうですが、その分、怖い気もします。嘘だって書けるでしょう？

男：確かに怪しいサービスもありますね。でも僕は個人情報を確認できた人だけが会員登録できるサービスを使ってるんで。

女：それなら安心ですね。それにしてもこんな身近に利用者がいるなんて。

男：うちの部署は男ばっかりで出会いもないですからね。他にも、仕事が忙しくて人と出会うチャンスがないとか、色々な事情で利用する人がいるらしいです。

女：そうなんですか。それで、いい出会いはありましたか。

男：それは、まだです。でも焦ってはいません。もし30を超えても独身だったら、次は結婚相談所に登録しようと思ってます。料金は高いですけど、いろんなパーティーを開催したりしてて、楽しそうですからね。

ーーーーーーーーーーーーーーーーーーーーーーーーーーー

問題４７　男性が婚活サービスを利用する理由はどれですか。

＊１　30歳を過ぎて焦っているから

＊２　部署が男性ばかりだから

＊３　仕事が忙しいから

問題４８　男性が利用している婚活サービスの特徴は何ですか。

＊１　気軽に利用できる。

＊２　個人情報が必要ない。

＊３　若い人が多い。

問題４９　結婚相談所について、会話の内容と合っているのはどれですか。

＊１　怪しいところがある。

＊２　料金が高い。

＊３　年齢制限がある。

５　男性が女性にパワハラについて話を聞いています。この会話を聞いてください。

－－－－－－－－－－－－－－－－－－－－－－－－－－－－

男：最近、「パワハラ」という言葉を耳にしますが、具体的にはどのような行為が挙げられるのでしょうか。

女：例えばたたく、蹴る、殴るなどの暴行は明らかに身体的な苦痛を与えるパワハラです。また、大勢の前で罵倒する、必要以上に長時間叱り続けるなどは精神的苦痛を与えるパワハラになります。

男：なるほど。実際にパワハラで悩んでいる人はどうすればいいのでしょうか。

女：大切なのは決して一人で悩まないことです。まずは信頼できる同僚や上司に相談しましょう。それでも改善されない場合は社内相談窓口や人事部に相談してほしいですね。

男：なるほど。逆に、管理職の方からはパワハラになるのではないかと不安で部下を叱れない、どこまでが指導でどこからがパワハラになるのかわからない、などの声が挙がっていますが、気を付けるべきことは何でしょうか。

女：指導する相手の人格を否定せず、問題となる具体的な行動や内容に焦点を絞ること、感情的にならないことが重要です。どのように改善すべきかも伝え、相手にどのように伝わったかを確認することも必要だと思います。

－－－－－－－－－－－－－－－－－－－－－－－－－－－－

問題５０　パワハラについて、会話の内容と合っているのはどれですか。

＊１　新人に対して行われているもののみがパワハラとされている。

＊２　たたく、蹴るなどの暴行は犯罪なので、パワハラには当てはまらない。

＊３　肉体的苦痛だけでなく、精神的苦痛を与えられるものもパワハラと呼ばれる。

問題５１　女性はパワハラで悩んでいる人はどうすればいいと言っていますか。

＊１　周囲の人に相談する。

＊２　警察に相談する。

＊３　職場を変える。

問題５２　女性はパワハラをしないために気を付けるべきことは何だと言っていますか。

＊１　できるだけ叱らないようにする。

＊２　感情的にならず､問題となる行動や内容のみを指摘する。

＊３　相手の反応を見ながら叱る。

６　女性の話を聞いてください。

－－－－－－－－－－－－－－－－－－－－－－－－－－－

女：今、透明飲料が広がりをみせています。2010年にＣ社から、ミネラルウォーターにみかんなど果物の味をつけたフレーバーウォーターが発売されたのが、流行の先駆けだと言われています。その後、Ｓ社から透明なレモンティーとミルクティーが相次いで発売され、その意外性と涼しげな見た目が話題になりました。水のような外見から、クリーンなイメージがあり、健康志向が強い近年の消費者に広く受け入れられました。お茶や水以外の色のついた飲料にはジュースという印象があり、男性が飲むと子供っぽく見られることがあります。そのため、一見、水を飲んでいるようにしか見えない透明飲料は、特に職場などで重宝されているそうです。さて、この度、ついに透明なビールが登場しましたが、ご存知でしょうか。先月Ａ社が4箇所の直営店でテスト販売したところ、グラス１杯500円でしたが、１週間で約3,000杯すべて売り切れたとのことです。また、Ｓ社からも透明なノンアルコールビールが新発売されました。こちらはコンビニ限定商品です。オフィスでも気兼ねなく飲めるように、容器をペットボトルにして中身が見えるようにしたそうです。

－－－－－－－－－－－－－－－－－－－－－－－－－－－

問題５３　透明飲料の流行のきっかけになった商品はどれですか。

＊１　味のついたミネラルウォーター

＊２　レモンティーとミルクティー

＊３　ビール

問題５４　透明飲料の人気の理由は何だと言っていますか。

＊１　味がおいしいから

＊２　イメージがいいから

＊３　子供が飲みやすいから

問題５５　透明なノンアルコールビールについて、話の内容と合っているのはどれですか。

＊１　ペットボトルの容器で販売されている。

＊２　１本500円で販売されている。

＊３　オフィス内のコンビニのみで販売されている。

これで聴解試験を終わります。

J.TEST実用日本語検定(A-C)

日本語検定協会

◆名前をローマ字で書いてください。
Write your name in roman letter.

名前 Name	

◆漢字名がある人は、漢字で名前を書いてください。
Write your name in Kanji if you have.

名前(漢字) Name(Kanji)	

◆受験番号を書いてください。
Write your Examinee Registration Number below.
◆下のマーク欄に受験番号をマークしてください。
Mark your Examinee Registration Number below.

受験番号 Examinee Registration Number										
⓪	⓪	⓪	⓪	⓪	⓪	⓪	⓪	⓪	⓪	⓪
①	①	①	①	①	①	①	①	①	①	①
②	②	②	②	②	②	②	②	②	②	②
③	③	③	③	③	③	③	③	③	③	③
④	④	④	④	④	④	④	④	④	④	④
⑤	⑤	⑤	⑤	⑤	⑤	⑤	⑤	⑤	⑤	⑤
⑥	⑥	⑥	⑥	⑥	⑥	⑥	⑥	⑥	⑥	⑥
⑦	⑦	⑦	⑦	⑦	⑦	⑦	⑦	⑦	⑦	⑦
⑧	⑧	⑧	⑧	⑧	⑧	⑧	⑧	⑧	⑧	⑧
⑨	⑨	⑨	⑨	⑨	⑨	⑨	⑨	⑨	⑨	⑨

注意【Note】

1. えんぴつ(HB~2B)でマークしてください。
   Use a black soft(HB~2B/No.1 or No.2)pencil.
2. 書きなおすときは、消しゴムできれいに消してください。
   Erase any unintended marks completely.
3. きたなくしたり、おったりしないでください。
   Do not soil or bend this sheet.
4. マーク例 Marking Examples.

よい例 Correct	わるい例 Incorrect
●	✓ ⊖ ◙ ⊘

◇読解・記述【Reading/Writing】

1	①	②	③	④
2	①	②	③	④
3	①	②	③	④
4	①	②	③	④
5	①	②	③	④
6	①	②	③	④
7	①	②	③	④
8	①	②	③	④
9	①	②	③	④
10	①	②	③	④
11	①	②	③	④
12	①	②	③	④
13	①	②	③	④
14	①	②	③	④
15	①	②	③	④
16	①	②	③	④
17	①	②	③	④
18	①	②	③	④
19	①	②	③	④
20	①	②	③	④
21	①	②	③	④
22	①	②	③	④
23	①	②	③	④
24	①	②	③	④
25	①	②	③	④
26	①	②	③	④
27	①	②	③	④
28	①	②	③	④
29	①	②	③	④
30	①	②	③	④

31	①	②	③	④
32	①	②	③	④
33	①	②	③	④
34	①	②	③	④
35	①	②	③	④
36	①	②	③	④
37	①	②	③	④
38	①	②	③	④
39	①	②	③	④
40	①	②	③	④
41	①	②	③	④
42	①	②	③	④
43	①	②	③	④
44	①	②	③	④
45	①	②	③	④
46	①	②	③	④
47	①	②	③	④
48	①	②	③	④
49	①	②	③	④
50	①	②	③	④
51	①	②	③	④
52	①	②	③	④
53	①	②	③	④
54	①	②	③	④
55	①	②	③	④
56	①	②	③	④
57	①	②	③	④
58	①	②	③	④
59	①	②	③	④
60	①	②	③	④

61	①	②	③	④
62	①	②	③	④
63	①	②	③	④
64	①	②	③	④
65	①	②	③	④
66	①	②	③	④
67	①	②	③	④
68	①	②	③	④
69	①	②	③	④
70	①	②	③	④
71	①	②	③	④
72	①	②	③	④
73	①	②	③	④
74	①	②	③	④
75	①	②	③	④

76~100のこたえはうらに書いてください。

◇聴解【Listening】

れい1	●	②	③	④
れい2	①	②	●	④
1	①	②	③	④
2	①	②	③	④
3	①	②	③	④
4	①	②	③	④
5	①	②	③	④
6	①	②	③	④
7	①	②	③	④
8	①	②	③	④
9	①	②	③	④
10	①	②	③	④
れい1	①	●	③	④
れい2	①	②	●	④
11	①	②	③	④
12	①	②	③	④
13	①	②	③	④
14	①	②	③	④
15	①	②	③	④
16	①	②	③	④
17	①	②	③	④
18	①	②	③	④
19	①	②	③	④
20	①	②	③	④

れい1	●	②	③
れい2	①	●	③
21	①	②	③
22	①	②	③
23	①	②	③
24	①	②	③
25	①	②	③
26	①	②	③
27	①	②	③
28	①	②	③
29	①	②	③
30	①	②	③
31	①	②	③
32	①	②	③
33	①	②	③
34	①	②	③
35	①	②	③
36	①	②	③
37	①	②	③
38	①	②	③
39	①	②	③
40	①	②	③

れい	①	●	③
41	①	②	③
42	①	②	③
43	①	②	③
44	①	②	③
45	①	②	③
46	①	②	③
47	①	②	③
48	①	②	③
49	①	②	③
50	①	②	③
51	①	②	③
52	①	②	③
53	①	②	③
54	①	②	③
55	①	②	③

◇ 76〜100のこたえを書いてください。

[ ]	76	
[ ]	77	
[ ]	78	
[ ]	79	
[ ]	80	
[ ]	81	
[ ]	82	
[ ]	83	
[ ]	84	
[ ]	85	
[ ]	86	
[ ]	87	
[ ]	88	
[ ]	89	
[ ]	90	

[ ]	91	(A)	(B)
[ ]	92	(A)	(B)
[ ]	93	(A)	(B)
[ ]	94	(A)	(B)
[ ]	95	(A)	(B)

[ ]	96	
[ ]	97	
[ ]	98	
[ ]	99	
[ ]	100	

J. TEST 実用日本語検定 問題集[A-Cレベル]2019年

2020 年　1月 27日　初版発行
2020 年 10月 30日　初版第2刷発行
<検印廃止>

著　者　日本語検定協会／J. TEST 事務局
発行者　秋田　点
発　行　株式会社語文研究社
〒136-0071　東京都江東区亀戸1丁目42-18　日高ビル8F
電話　03-5875-1231　　FAX　03-5875-1232

販　売　弘正堂図書販売株式会社
〒101-0051　東京都千代田区神田神保町 1-39
電話　03-3291-2351　　FAX　03-3291-2356

印　刷　株式会社大幸